CATALOGUE

D'ESTAMPES

ANCIENNES

PRINCIPALEMENT

DE L'ÉCOLE FRANÇAISE DU XVIIIe SIÈCLE

EAUX-FORTES MODERNES

VIGNETTES, LIVRES, QUELQUES DESSINS

Et environ 12 000 Estampes

QUI SERONT VENDUES EN LOTS

DONT LA VENTE AUX ENCHÈRES PUBLIQUES AURA LIEU

HOTEL DES COMMISSAIRES-PRISEURS, RUE DROUOT

SALLE N° 4

**Les Lundi 17, Mardi 18, Mercredi 19
et Jeudi 20 Février 1890**

A DEUX HEURES TRÈS PRÉCISES

Par le ministère de Me **MAURICE DELESTRE**, Commissaire-Priseur,
rue Drouot 27,

Assisté de **M. J. BOUILLON**, marchand d'Estampes de la Bibliothèque Nationale,
rue des Saints-Pères, 3.

PARIS 1890

CATALOGUE

D'ESTAMPES

ANCIENNES

PRINCIPALEMENT

DE L'ÉCOLE FRANÇAISE DU XVIIIe SIÈCLE

EAUX-FORTES MODERNES

VIGNETTES, LIVRES, QUELQUES DESSINS

Et environ 12 000 Estampes

QUI SERONT VENDUES EN LOTS

DONT LA VENTE AUX ENCHÈRES PUBLIQUES AURA LIEU

HOTEL DES COMMISSAIRES-PRISEURS, RUE DROUOT

SALLE N° 4

Les Lundi 17, Mardi 18, Mercredi 19
et Jeudi 20 Février 1890

A DEUX HEURES TRÈS PRÉCISES

Par le ministère de Me **MAURICE DELESTRE**, Commissaire-Priseur,
rue Drouot 27,

Assisté de **M. J. BOUILLON**, marchand d'Estampes de la Bibliothèque Nationale,
rue des Saints-Pères, 3.

PARIS 1890

CONDITIONS DE LA VENTE

La vente se fera au comptant.

Les acquéreurs payeront *cinq pour cent* en sus des enchères, applicables aux frais.

M. J. Bouillon, chargé de la direction de la vente, se réserve la faculté de rassembler ou de diviser les lots.

ORDRE DES VACATIONS

DÉSIGNATION

ESTAMPES

AGAR

1 — Marie-Antoinette, reine de France, in-8. Belle épreuve, toute marge.

ALDEGREVER (H.)

2 — Dessin de Gaine (B., 213). Très belle épreuve.

3 — Dessin de deux cuillers qui se croisent, 1559 (B., 268). Bonne épreuve.

ALIX (P.-M.)

4 — Bailly (Jean-Silvain), d'après Garneray, in-fol. en couleur. Très belle épreuve.

5 — Barra (Joseph). — Viala (J.-A.). Deux portraits in-4 en couleur, faisant pendants, d'après Garneray et Sablet. Superbes épreuves, grandes marges. Rares.

6 — Buffon (le comte de), in-fol. en couleur. Superbe épreuve avant toute lettre.

7 — Chalier, d'après Garneray, in-fol. en couleur. Très belle épreuve.

8 — Corday (Marie-Anne-Charlotte), in-fol. en couleur. Belle épreuve.

9 — Descartes (René), d'après Garneray, in-fol. en couleur. Superbe épreuve.

ALIX (P.-M.)

10 — *Franklin* (B.), d'après Vanloo, in-fol. en couleur. Très belle épreuve.

11 — *Helvetius*, in-fol. en couleur. Superbe épreuve avant la lettre.

12 — *La Fontaine* (Jean de), d'après Rigaud ; in-fol. en couleur. Superbe épreuve. Grande marge.

13 — *Lavoisier* (Antoine-Laurent), d'après Garneray, in-fol. en couleur. Très belle épreuve.

14 — *Lepelletier* (Michel), d'après Garneray, in-fol. en couleur. Superbe épreuve avant toute lettre.

15 — *Lepelletier* (Michel), d'après Garneray, in-fol. en couleur. Très belle épreuve.

16 — *Linné* (Ch.), in-fol. en couleur. Superbe épreuve avant la lettre, marge.

17 — *Mably*, in-fol. en couleur. Superbe épreuve avant toute lettre.

18 — *Mably*, in-fol. en couleur. Belle épreuve.

19 — *Marat* (Jean-Paul), d'après Garneray, in-fol. en couleur. Superbe épreuve avant toute lettre.

20 — *Mirabeau*, in-fol. en couleur. Superbe épreuve avant toute lettre.

21 — *Mirabeau* (Honoré-Gabriel), in-fol. en couleur. Très belle épreuve.

22 — *Molière* (J.-B. Poquelin de), en buste dans une bordure ovale reposant sur un cartouche, où est représentée la scène VII du IV° acte de Tartuffe, d'après Garneray, in-4 en couleur. Superbe épreuve, toute marge.

23 — *Preville* (P.-L. Dubus), de la Comédie-Française, en buste, dans une bordure ovale reposant sur un cartouche orné de médaillons, où il est représenté dans trois rôles différents. In-4 en couleur. Superbe épreuve, toute marge.

ALIX (P.-M.)

24 — *Rousseau* (J.-J.), d'après Garneray, in-fol. en couleur.
Superbe épreuve avant toute lettre.

25 — Lycurgue. — Solon. — Brutus (Lucius Junius). — Guil-
laume Tell. Quatre portraits in-fol. en couleur. Très belles
épreuves.

26 — Histoire du beau Dunois. Suite de quatre pièces en couleur, d'après M... Très belles épreuves.

27 — Le petit Redresseur de quilles, d'après Mallet. En
couleur.

ANONYMES

28 — Jeune femme appuyée sur un lit, dans deux positions
différentes. Deux pièces de forme ronde, faisant pendants.
Superbes épreuves avant la lettre, avec marges.

29 — Entourage pour un portrait de Napoléon, in-4. Épreuve
à l'état d'eau-forte.

30 — Le Toucher, in-8 de forme ovale. Belle épreuve, marge.

31 — Marchandes de cerneaux et de fleurs. Deux pièces ova-
les, coloriées, imprimées sur une même feuille.

32 — La Vendange, — Éducation maternelle. — Bel exemple
aux mères donné par Cornélie. Trois pièces médaillons
ronds, en couleur. Belles épreuves.

33 — Le Jaloux mettant à sa femme une ceinture de chasteté,
— Arrivée de l'Amant à qui un Amour remet la clef de la
ceinture. Deux pièces faisant pendants, avec vers en bas.
Très belles épreuves, toutes marges.

34 — Caricature contre madame de Pompadour, pièce gravée
à l'eau-forte, avec légende manuscrite en bas.

35 — Vénus caressant l'Amour, d'après Battoni, in-fol. en
couleur. Belle épreuve avant toute lettre.

36 — Convoi de très haut et très puissant seigneur des Abus,
mort sous le règne de Louis XVI, le 4 mai 1789. Belle
épreuve.

ANONYMES

37 — Gravures sur bois, tirées de livres du seizième siècle. Treize pièces.

38 — *Corday* (Charlotte), en buste, dans un médaillon rond, en couleur. Belle épreuve.

39 — *Lenclos* (Ninon de), in-8. Superbe épreuve, marge.

40 — *Louis XVI*, en buste dans un médaillon posé sur un bas-relief où sont représentés ses adieux à sa famille, in-4 en couleur. Belle épreuve.

41 — *Marie-Antoinette*, reine de France. Médaillon rond. Très belle épreuve, toute marge.

AUBERT (chez)

42 — Portraits tirés de la galerie de la presse. Seize pièces.

AUDRAN (G.)

43 — Le Char du soleil, d'après Eustache Le Suenr (R. D., 45). Belle épreuve.

AUVRAY (Elis.)

44 — Jenny, pièce in-fol. de forme ronde, en couleur. Belle épreuve.

BAKHUIZEN (L.)

45 — Différentes marines (B. 1-10) plus le titre et le portrait. Très belles épreuves, toutes marges.

BALECHOU (J.-J.)

46 — *Aved* (Anne-Charlotte Gauthier de Loiserolle, femme d'), d'après Aved, in-fol. Très belle épreuve.

BARTOLOZZI (F.)

47 — Nymphs bathing. — Nymps after bathing. Deux pièces d'après Cipriani, en couleur. Belles épreuves.

48 — *Marie-Antoinette*, reine de France, in-8 en bistre. Superbe épreuve, lettre grise, marge.

BASSET (à Paris, chez)

49 — La mort du patriote Jean-Paul Marat, député à la Convention nationale, en 1792, pièce en largeur. Très belle épreuve, avec légende en bas.

50 — Vues d'optique en partie relatives à Paris. Quarante-huit pièces.

BAUDOUIN (d'après P.-A.)

51 — Le Carquois épuisé, par N. de Launay. Superbe épreuve, grande marge.

52 — L'Enlèvement nocturne, par N. Ponce (20). Très belle épreuve.

53 — L'Enlèvement nocturne, par N. Ponce. Très belle épreuve, grande marge.

54 — L'Epouse indiscrète, par N. de Launay (21). Très belle épreuve.

55 — L'Eveillé, pièce gravée en bistre par Metz. Très belle épreuve, marge.

56 — Le fruit de l'amour secret, par Voyez le jeune (23). Très belle épreuve.

57 — Marchez tout doux, parlez tout bas, par P.-P. Choffard. Belle épreuve.

58 — Le Matin. — Le Soir. — La Nuit. Trois pièces gravées par de Ghendt. Belles épreuves.

59 — La Sentinelle en défaut, par N. de Launay, 1771 (E. B. 44). Très rare épreuve à l'état d'eau-forte, avant toute lettre et avant les armes, marge.

60 — La Sentinelle en défaut, par N. de Launay. Très belle épreuve.

61 — Le Soir, par de Ghendt. Belle épreuve.

BEAUVARLET (J.-F.)

62 — Le Festin d'Assuérus, d'après Vanloo, Très belle épreuve avant toute lettre, marge.

63 — Bourgogne (le duc de), d'après Fredou, in-8. Rare épreuve du premier état, avant les noms des artistes.

BEHAM (H.-S.)

64 — Adam et Ève chassés du paradis, 1543 (B., 7), — La Fortune contraire (B. 141), etc. Trois pièces. Bonnes épreuves.

65 — Didon, 1519 (B. 80). Belle épreuve.

BENARD (d'après)

66 — La Reconnaissance du Berger, par E. Danzel, en couleur. Très belle épreuve, marge.

BENVELL (d'après)

67 — Cupid's Revenge. — Cupid Disarm'd. Deux pièces en couleur gravées par Doilet. Belles épreuves.

BERGERET

68 — Portrait de l'artiste. Première épreuve non terminée.

BERGHEM (N.)

69 — La Vache qui pisse (B. 2). Très belle épreuve avant l'adresse de F. de Witt. marge.

70 — Le Cahier à la femme, en six feuilles (B., 29-34). — Le Cahier à l'homme, en six feuilles (B. 35-40). — Le Cahier à la femme, en huit feuilles (B., 41-48). — Le Cahier à l'homme, en huit feuilles (B. 49-56), manque deux pièces, en tout, 26 pièces. Très belles et anciennes épreuves.

BERTAUX (H.-G.)

71 — Le Moment d'hilarité universelle ou le Triomphe de MM. Charles et Robert au jardin des Thuileries, le 1er décembre 1783, d'après J. W. Très belle épreuve, toute marge.

BERTAUX (d'après)

72 La jeune Nourrice, par D... Belle épreuve.

BERTHET (L.)

73 *Restif* (Nic.-Ed.), d'après L. Binet, in-4. Très belle épreuve.

74 Vénus ou la prétendue comète, folie du jour. Pièce de forme ovale, coloriée.

BINELLI (d'après)

75 Voiture de S. M. le roi de Rome, donnée par la ville de Paris, le 1ᵉʳ janvier 1812, gravé par Charon. Belle épreuve.

BINET (d'après)

76 Le Plaisir de la pêche. — Le Chasseur. — La Solitude agréable. — La Nourrice élégante. Suite de quatre pièces gravées par Testolini et Ambrosi. Très belles épreuves, grandes marges.

77 Le Chasseur. — Le Plaisir de la pêche. Deux pièces gravées par Testolini. Belles épreuves, marges.

BLECKER (C.)

78 Paul et Barnabé à Lystre (B., 15). Très belle épreuve.

BOILLY (L.)

79 Le Cabaret. — Le Jeu de tonneau. Deux pièces coloriées.

BOILLY (d'après L.)

80 Le Cadeau. — La Comparaison des petits pieds. Deux pièces gravées par Chaponnier et Bonnefoy. Bonnes épreuves.

81 La Douce impression de l'harmonie. — Suite de la Douce impression de l'harmonie. — On la tire aujourd'hui. Trois pièces gravées par Wolff et Tresca. Bonnes épreuves.

82 La Jardinière. — Le Rendez-vous. Deux pièces en couleur faisant pendants, gravées par Tresca. Très belles épreuves, dont une avant la lettre.

BOILLY (d'après L.)

83 — Première scène de voleurs. — Deuxième scène de voleurs. Deux pièces en couleur faisant pendants, gravées par Gror. Très belles épreuves.

84 — Réunion d'artistes, par A. Clément.

85 — Tu saurais ma pensée. — On nous voit. — Ah ! Ah! qu'il est sot! Trois pièces gravées par Petit. Belles épreuves.

BOISSIEU (J.-J. de)

86 — Entrée de forêt. — Vue d'Aqua-Pendente sur la route de Sienne à Rome. Portrait d'homme d'après Téniers. Trois pièces.

BONINGTON ET WALTNER

87 — Campos sur les bords du rio das Velhas, dans la province de Minas Geraës. — Le Mage Asiatique, d'après Rubens. Deux pièces.

BONNET (Louis)

88 — Marie-Antoinette, archiduchesse d'Autriche, dauphine de France, d'après Ktanzinger. Charmant petit médaillon, gravé en couleur à la manière du pastel, dans une bordure avec tablette en bas. Superbe épreuve, très rare.

89 — Du Barry (Madame la comtesse), gravé en 1789, in-8, en couleur. Très belle et rare épreuve avant la lettre.

90 — The amiable Family, d'après Hambert, in-4 en couleur. Très belle épreuve, marge.

91 — Bazile et Laurette. — Bazile et Luzy. Deux pièces en couleur faisant pendants, d'après Aubry. Très belles épreuves.

BONNET (à Paris, chez)

92 — Le Bain, en couleur.

BOREL (d'après)

93 — La Circassienne à l'encan, par Léveillé, en couleur. Très belle épreuve.

BOREL (d'après)

94 L'Innocence en danger, par F. Huot. Très belle épreuve, marge.

95 Le voilà fait, par Huot. Très belle épreuve avant la dédicace.

96 Neuf gravures in-8, par divers graveurs, pour les œuvres de Regnard, 1790. Très belles épreuves, toutes marges.

BOSSE (ABRAHAM)

97 La Mariée reconduite chez elle. — Le roi Louis XIII en prière. Deux pièces. Belles épreuves.

BOTH (J.)

98 Le Pont de pierre (B., 15). Très belle épreuve avant le nom du maître.

99 La même estampe. Très belle épreuve du même état.

100 Les Deux vaches au bord de l'eau (B., 8). Belle épreuve avant le nom.

BOUCHARDON (d'après Ed.)

101 Les Sens. Suite de cinq pièces gravées par le comte de Caylus. Très belles épreuves.

BOUCHER (d'après F.)

102 L'Amour nageur. — L'Amour moissonneur. — L'Amour vendangeur. — L'Amour oiseleur. Suite de quatre pièces gravées par Aveline, Fessard et Lépicié. Très belles épreuves, marges.

103 Les Bacchantes endormies, surprises par des satyres, par Mlle Hémery. Superbe épreuve avant la lettre, marge.

104 La Bonne Aventure, par P. Aveline. Très belle épreuve.

105 Les Charmes du Printemps, par J. Daullé. Belle épreuve.

BOUCHER (d'après F.)

106 Le Panier mistérieux. — La Jeune bergère. — Sylvie délivrée par Aminte. — Le Peintre dans son atelier. Quatre pièces.

107 Le Quos Ego, par J.-B. Tilliard. Deux épreuves, avec toutes leurs marges.

108 Autel de l'Amitié, par Demarteau (75). Très belle épreuve.

109 Têtes de jeunes filles, par Demarteau (91, 92, 132). Belles épreuves.

110 Teste de femme, gravé par Huquier. Belle épreuve.

BOUCHER ET VLEUGHELS (d'après)

111 Le Fleuve Scamandre. — La Jument du compère Pierre. Deux pièces in-8, gravées par Jacobl. Belles épreuves, avec marges.

BOUILLARD (L.)

112 Elisabeth-Philippine, Marie-Hélène de France. — *Provence* (la comtesse de). — Bartolozzi (F.), d'après Violet. Trois portraits in-4 et in-fol. Un est double. Quatre pièces.

BOVINET

113 *Dubarry* (la comtesse), in-8. Belle épreuve.

BRACQUEMOND (F.)

114 Ébats de canards (221). Très belle épreuve.

115 Gorge dans des rochers, d'après Jules Laurens (246). Très belle épreuve du deuxième état.

116 La Servante, d'après Leys (280). Rare épreuve avant la planche coupée, avec dédicace de l'artiste à Gaucherel.

117 Canards surpris (778). Très belle épreuve avant la lettre.

BRACQUEMOND (F.)

118 Les Canards l'ont bien passée. Très belle épreuve du deuxième état.

BREA (d'après)

119 Mirabeau, in-fol. en manière noire, par Villain. Belle épreuve.

BRETON (à Paris, chez Mme)

120 Le Matin. — Le Midi. — Le Soir. — La Nuit. Suite de quatre pièces en couleur. Belles épreuves.

BRICEAU (Angélique)

121 *Barra* (Joseph), in-fol. en couleur. Très belle épreuve.

BROUVVER (J.)

122 *Swalmius* (D. Eleazarus), d'après Rembrandt, in-fol. Belle épreuve.

BUCHERIE (à Paris, rue de la)

123 La Mort du patriote Marat, pièce curieuse avec légende et complainte en bas. Très belle épreuve.

BUNBURY (d'après)

124 Charlotte. — Ninette. Deux pièces en couleur faisant pendants, gravées par Roze le Noir. Belles épreuves.

CADART

125 Eaux-fortes, par Jacquemart Jacque, de Nittis, Nicolle, Lhermitte, Lalanne, etc., des publications Cadart. Douze pièces.

CALAMATTA (L.)

126 *Orléans* (le duc d'), d'après Ingres. Très belle épreuve avant la lettre.

CALLOT (J.)

127 Baïli ou Curucucu. Dix pièces, copies.

CANALETTI

128. — Vu de Venise et des environs, gravées à l'eau-forte.
Dix pièces. Très belles épreuves, en partie avant la
lettre. *Del. Gh. Hed. in*

CARESME (d'après Ph.)

129. — Le Satyre impatient, par J.-L. Anselin. Très belle
épreuve, marge. *Val. Gh.*

130. — La Culbute imprévue, par J. Morret, en couleur. Très
belle épreuve, grande marge.

131. — Le Philosophe charitable, par Voyez l'Aîné. Très belle
épreuve, marge.

CARICATURES

132. — Le Bon genre. Vingt pièces.

133. — Caricatures tirées de la suite intitul e : Le Bon genre.
Cinq pièces en couleur.

134. — Musée grotesque. — Les Époux du xviie siècle. — Le
Lutrin de village. — La Bonne année ou les Souhaits du
jour de l'an. — La Galerie du Palais-Royal. — Délasse-
ment des habitués du Luxembourg au café du Sénat.
Réunion à la mode de 1801. Treize pièces.

135. — Le Suprême bon ton. N°s 2, 6, 12, etc. Cinq pièces.

136. — Caricatures parisiennes. Garde à vous et le Goût du
jour. Seize pièces.

137. — Caricatures parisiennes. Encore un Incroyable ou le
Singe à la mode. — Les Modernes. — Désagrémens des
parapluies. — Désagrément de rendre ses visites à pied.
— Folies de carnaval. — Le Marché aux fleurs. — La
Gavotte. — La Moderne Danaë, etc. Quatorze pièces.

138. — Mademoiselle Chameroy refusée par saint Roch, l'an
onze, 1802. — Mademoiselle Chameroy reçue par saint
Thomas, l'an onze, 1802. Deux pièces coloriées.

CARICATURES

139 L'Entrée du musée. — La Valse. — Les Demandes de mariage. — M. Poudret, coiffeur. — L'Arrivée. — Les Étrennes anglaises. — Les Nouvellistes, etc. Douze pièces.

140 Caricatures anglaises. — Tableaux de Paris, par Marlet, etc. Dix-huit pièces.

CARMONA (S.)

141 Odieuvre, peintre et marchand d'estampes, in-8.

CARMONTELLE (L.-C. DE)

142 *Bezenval* (le baron de), in-fol. Superbe épreuve, toute marge.

CARMONTELLE (d'après L.-C. DE)

143 La Malheureuse famille Calas, par Delafosse. Très belle épreuve.

CATTELAIN (P.)

144 *Berthelot. — Monseigneur Freppel. — E. Reyer. — Mademoiselle Reichemberg. — [Daubray. — C. Saint-Saëns. — Baduel. — Wilson. — Oscar Comettant. — J. Joffrin*, etc. Seize pièces.

CHALLE (d'après M.-A.)

145 Chu-u-u. Pièce en largeur, de forme ovale, gravée par de Gouy, d'après l'estampe de Chaponnier, intitulée : *The officious waiting woman.* Superbe épreuve.

146 Zéphire et Flore, par J.-B. Tilliard. Belle épreuve, toute marge.

CHALLIOU (à Paris, chez)

147 La Fille engageante. Pièce de forme ronde, imprimée en bistre. Belle épreuve.

CHAM, DARJOU ET AUTRES

148 Actualités. Cent soixante-dix pièces.

CHAMPOLLION

149 Vases, baromètre, surtout de table, etc. Neuf pièces avant la lettre. *Bu. Gt*

CHAMPOLLION, GREUX, ETC.

150 Paysages, sujets historiques et religieux, etc. Vingt-trois pièces en grande partie avant la lettre. *Bu. Gt*

CHAPUY (J.-B.)

151 Les Amusements champêtres, d'après Pietkin, en couleur. Très belle épreuve.

152 *Cagliostro* (le comte et la comtesse de). Deux portraits, in-8, en couleur. Très belles épreuves, toutes marges.

153 Plan de la Bastille.

CHARDIN (d'après J.-B.-S.)

154 La Pourvoïeuse, par Lépicié. Belle épreuve.

155 La Fontaine, par C. N. Cochin. Très belle épreuve.

156 Les Tours de cartes, par Surugue-fils. Très belle épreuve.

CHARON

157 *Lannes*, duc de Montebello. — Suchet, duc d'Albufera. Deux portraits, in-fol. en pied, d'après Aubry. Belles épreuves coloriées.

CHARON (à Paris, chez)

158 On n'entre pas. Belle épreuve, marge.

CHASSERIAU

159 Fac-similé de ses dessins pour l'Othello. Quatorze pièces. Epreuves sur papier du Japon.

CHASTEAU

160 L'Automne, d'après Boulogne. Très belle épreuve.

CHATILLON (CL.)

Vues de villes de France. Cinquante pièces. Très belles épreuves. Rares.

CHEREAU (J. le jeune)

162 Sabran (Madame de), d'après Vanloo, in-fol. Très belle épreuve.

CHEREAU (à Paris, chez)

163 Serment fédératif et national, prononcé au Champ de Mars, le 14 juillet 1790. Deux compositions différentes, coloriées.

CHODOWIECKI (D.)

164 Anecdotes. — Histoires de Coligny et de Guise. Vingt-huit pièces imprimées sur trois feuilles.

165 — Suite de douze vignettes, in-8, gravées par Berger, pour la Vie et Pensées de Tristram Schandy's. Très belles épreuves, toutes marges.

166 — Calendrier de Berlin. Treize pièces.

167 — Vignettes pour Candide de Voltaire, six pièces.

168 — Vignettes, in-12 pour la Nouvelle Héloïse. Douze pièces imprimées sur six feuilles.

169 — Coiffures, costumes. etc. Vingt-deux pièces.

170 — Vignettes, in-12, pour Gil Blas. Douze pièces imprimées sur quatre feuilles.

171 — Trente vignettes, In-8, gravées par Berger, pour Don Quichotte. Belles épreuves.

172 — Figures, in-12, pour Caroline de Lichtfield. Douze pièces imprimées sur quatre feuilles.

173 — Vignettes, in-8, pour Don Quichotte. Six pièces, dont une double.

174 — Costumes, vignettes pour illustrations de livres du XVIIIe siècle. Soixante-dix pièces. Très belles épreuves.

2

CHODOWIECKI (D.)

175 — Suite de Vingt et une vignettes, in-8, et un portrait de Richardson, d'après A. Pujos, pour Clarisse Harlowe. Très belles épreuves.

CHOFFARD (P.-P.)

176 — *La Rochefoucauld* (François VI, duc de), d'après Petitot (32). Très rare épreuve, non entièrement terminée ; l'inscription sur le livre ouvert en caractères différents de l'épreuve terminée, marge.

177 — Le même portrait. Très rare épreuve d'essai, terminée, avant les noms des artistes, marge.

178 — *Rossel* (Aug. Louis de), capitaine de vaisseau, représenté avec sa fille, d'après François (45). Très belle épreuve avant la lettre, tablette blanche, toute marge.

179 — Carte de J. de Betancourt. (120.) Belle épreuve.

180 — Vignette, in-8, d'après Monsiau, pour les Jardins, poème de Delille, 1801. (686). Deux rares épreuves avant la lettre, une est à l'état d'eau-forte, marge.

181 — 27 vignettes en tête de pages. Trois fleurons de titres et le cul-de-lampe de la fin du dernier volume des Métamorphoses d'Ovide, 1767-1771. Superbes et rares épreuves tirées hors texte, grandes marges.

COCHIN (d'après C.-N.)

182 — Projet pour la construction des Guérites décorées que Sa Majesté a permis à son Académie royale de peinture et de sculpture, de faire élever dans les demi-lunes du Pont-Neuf, en 1769. Trois pièces et une feuille de texte. Superbes épreuves très rares.

183 — Frontispice de l'Emile de J.-J. Rousseau, in-4. Rare épreuve à l'état d'eau-forte.

184 — Six vignettes, in-8, pour l'Emile de J.-J. Rousseau. Belles épreuves, toutes marges.

COCHIN (d'après C.-N.)

185 Louis XV, médaillon entouré des Génies des arts et de la guerre, d'après Duvivier. En-tête de l'Epitre dédicatoire du catalogue raisonné des Tableaux du Roi, par Lépicié. Rare épreuve à l'eau-forte pure.

186 Eugénie ou la Noblesse, par Rousseau, in-4. Superbe épreuve avant la lettre, toute marge.

187 — *Louis XVI et Marie-Antoinette,* entourés de figures allégoriques. Deux pièces faisant pendants, gravées par De Longueil. Belles épreuves.

188 *Chardin* (Jean-Simon), peintre du Roi, par J.-F. Rousseau, In-4. Très belle épreuve, marge.

189 — *Favart* (J. du Ronceray, Mme), par J.-J. Flipart. Très belle épreuve avant les mots : Frontispice du tome V. Marge.

190 — *Piron* (Alexis), par Saint-Aubin. Belle épreuve.

191 — *Sacchini* (A), par Aug. de Saint-Aubin, in-8. Belle épreuve.

COCHIN ET LECLERC (d'après)

192 — Frontispice de l'Encyclopédie. — La Danse. — La musique. Trois pièces gravées, par Prevost et Jeaurat. Belles épreuves.

COLIN (J.)

193 — Fleurons pour illustration de livres. Trois dessins au lavis de sépia.

COLLAERT (J.)

194 — Chasses et pêches, d'après Stradan. Trente et une pièces.

CONDÉ (J.)

195 — *Marie-Antoinette,* reine de France, in-8. Très belle épreuve, toute marge.

CONDÉ (J.)

196 — *Marie-Antoinette*, reine de France, in-8. Belle épreuve.

COPIA ET DEVERIA

197 — *Genlis* (Madame de). Trois portraits, in-8. Belles épreuves.

COQUELET (d'après)

198 — Le galant Boulanger. — La jeune Aubergiste. Deux pièces faisant pendants, gravées par L. Halbou. Très belles épreuves, toutes marges.

COQUERET

199 — La Tourterelle poursuivie, d'après T..., en couleur. Très belle épreuve, grande marge.

COSTUMES

200 — Drapeaux des bataillons de la Garde nationale parisienne, 1792. Trente-six pièces en couleur. Très belles épreuves, toutes marges.

201 — Bonnart. Costumes de femmes, contre-épreuves, les fonds dessinés à la sanguine et à l'encre de Chine.

202 — Bonnart, Trouvain, etc. Les Saisons. — Les Sens. Huit pièces. Très belles épreuves.

203 — Portraits des femmes les plus célèbres d'Europe et de la cour de Louis XIV, représentées en grand costume. Vingt-sept pièces. Superbes épreuves.

204 — Les quatre parties du monde. — Le Printemps. — Dame en habit de velours doublé d'hermine. — Dame de qualité en escharpe doublée. Six pièces. Très belles épreuves.

205 — Duhamel. Costumes. Trois pièces coloriées.

206 — Costumes et coiffures. Trois pièces.

207 — Lamesangère. Costume Parisien, journal des Dames et des Modes. Six cent quatre-vingt-quinze pièces de l'an 7 (1799) à 1828. Les années 1820-1826 et 1828, sont avec le texte.

COSTUMES

208 Costume Parisien de 1806 à 1825. 52 pièces.

209 Costumes anglais. Quatre-vingt-sept pièces coloriées.

210 **Lamesangère.** Petit courrier des Dames, Modes de Paris. Années 1824, 1825-1826, 1827-1829 et 1830, avec texte, Quatre cent quatre-vingt-sept pièces.

211 **Saint-Jean.** Costumes de femmes de qualité. Douze pièces.

212 **Vernet** (Carle). Costumes de femmes. Quatre dessins à la plume et lavis d'encre de Chine.

213 **Vernet** (d'après **H.**) Merveilleuses. Trois pièces gravées par Gatine.

COSWAY (d'après R.)

214 *Damer* (Miss), par S. Schiavonetti, in-8. Très belle épreuve.

215 *Récamier* (Mme), par Charles Silésien, in-4. Belle épreuve.

COURTOIS (d'après)

216 Portrait d'une jeune femme, gravé à la sanguine, par Demarteau. Belle épreuve, marge.

COYPEL (d'après Ch.)

217 Madame de ***, en habit de bal, gravé par L. Surugue. Belle épreuve.

218 *O moments trop heureux....* — *Tel qui rit voyant ces Enfants.....* — Esther devant Assuerus. Trois pièces gravées par Joullain et A. Coypel.

CRANACH (L.)

219 Martin Luther (B., 5). Très belle épreuve.

CREPY (à Paris, chez

220 Madame la Duchesse du *Maine.* — La Princesse d'Espinoy. — La Reine d'Espagne, etc., etc. Six portraits, in-8. Belles épreuves.

CRUKSHANK

221 Vignettes pour illustration de livres. Cinquante-neuf pièces.

DALEN (C. van)

222 — *Arétin* (P.), d'après Titien, in-fol. Très belle épreuve avant la lettre.

223 — *Boccace*, d'après Titien, in-fol. Très belle épreuve avant la lettre.

DANDRÉ-BARDON, DUMÉNIL et LAGRENÉE (d'après)

224 — L'Enfance. — Le Traitant. — La Mélodie. Trois pièces gravées par Balechou, Lucas et Hemery. Belles épreuves.

DANLOUX (d'après)

225 — Je t'en ratisse, par Bellejambe, superbe épreuve avant toute lettre, marge.

DARCIS

226 — La République triomphante et les vertus républicaines. Quatorze pièces. Superbes épreuves, toutes marges.

DARDEL (d'après)

227 — La Reine présente le Dauphin à la France, par Legrand, en couleur. Belle épreuve.

DAUBIGNY

228 — Le Printemps. Epreuve avant la lettre. — Un Cochon de propriétaire, qui ne fait de bien qu'après sa mort. Deux pièces.

DAUSON, DELATRE

229 — Paysages. Quatre pièces. Epreuves d'artiste.

DAVESNE (d'après)

230 — La Coquette Sophie, par Voyez le jeune. Très belle épreuve, marge.

DAVID (H.)

231 — *Anne d'Autriche*, reine de France. — *Orléans* (Gaston d'). Deux portraits in-fol. équestres. Très belles épreuves.

DAVID (d'après)

232 — Costumes des représentants du peuple. Trois pièces gravées par Denon. Belles épreuves.

DEBUCOURT (P.-L.)

233 — Minet aux aguets. Très belle épreuve.

234 — Jouis tendre mère. Très belle épreuve.

235 — Pauvre Annette. Très belle épreuve.

236 — Le Baiser à propos de bottes. Très belle épreuve.

237 — Le Marchand de Galette. Très belle épreuve, marge.

238 — Joly, acteur du Vaudeville, in-fol. en couleur.

239 — *Orléans* (Mgr le Duc d'), 1789, in-4 en couleur. Très belle épreuve.

240 — Intérieur d'une cuisine. — Intérieur d'une salle à manger. Deux pièces faisant pendants, d'après Droling, en couleur. Très belles épreuves.

241 — Intérieur de cuisine, d'après Droling. Deux épreuves, dont une en couleur.

242 — Les femmes russes prêtes à monter en traîneau, d'après de Martrait. Très belle épreuve, marge.

243 — Marchand de vin des environs de Rome, d'après C. Vernet, en couleur. Très belle épreuve, grande marge.

244 — Le Joueur de Cornemuse, d'après C. Vernet, en couleur. Très belle épreuve.

245 — La Marchande de Cerises, d'après C. Vernet, en couleur. Belle épreuve, marge.

246 — La Perruque enlevée, d'après C. Vernet, en couleur. Très belle épreuve.

DEBUCOURT (P.-L.)

247 — Passez. Payez. — Le Jour de barbe d'un charbon-nier. Deux pièces d'après C. Vernet. Très belles épreuves, marges.

248 — Militaires écossais, d'après C. Vernet, en couleur. Belle épreuve, marge.

249 — Mameluck. — Le Kalmuck. — Mameluck porte-éten-dard. Trois pièces d'après C. Vernet, en couleur. Très belles épreuves, marges.

250 — Le Cosaque galant. — Famille écossaise. Deux pièces d'après C. Vernet, en couleur. Belles épreuves, marges.

251 — Cosaque régulier de la Garde. — Houssard anglais. — Officier anglais se rendant à une partie de plaisir. Trois pièces d'après C. Vernet. Belles épreuves, marges.

252 — Les Anglais à Paris. — Officiers anglais et écossais. — Rencontre d'officiers anglais. — Marche d'officiers anglais. Quatre pièces d'après C. Vernet, en couleur. Très belles épreuves, toutes marges.

253 — Costumes polonais, 1817, d'après Norblin. Trente et une pièces. Très belles épreuves, toutes marges.

DEBUCOURT (d'après P.-L.)

254 — L'Instruction villageoise, par Glairon-Mondet. Très belle épreuve, marge.

DE GOUY

255 — La comparaison des petits pieds. — Le modèle disposé. — Prélude de Nina. — Galathée et Elicio. — Galathée en pleurs. — Les Grâces. Six pièces en couleur de forme ronde, pour dessus de tabatières. Très belles épreuves. Rares.

DELACROIX (Eug.)

256 — Cheval effrayé sortant de l'eau. Très belle épreuve du premier état. Rare.

DE LAUNAY (N.)

257 — Fontenelle, d'après Voiriot, in-18. Deux épreuves, dont une très rare, à l'eau-forte, avec retouches au crayon, marges.

DELAUNAY (Alfred)

258 — Vues de Paris. Neuf pièces. Très belles épreuves.

DE LONGUEIL

259 — *Louis XVI*, debout au milieu de figures allégoriques, d'après Cochin. Superbe et rare épreuve, avant toute lettre, toute marge.

260 — La même estampe. Très belle épreuve, toute marge.

DE MARCENAY (A.)

261 — *Marie-Antoinette* de Bavière, avant la lettre. — *Bayard.* — *Charles V*, dit le Sage. Trois portraits in-8 et in-4. Belles épreuves.

262 — *Charles VII*, in-8. Deux épreuves, dont une avant la lettre.

DEMARTEAU

263 — Nymphe de Diane et études de têtes de femmes. Six pièces, gravées à la sanguine et aux trois crayons.

DENY (chez)

264 — Le Lacet raccourci. Belle épreuve, marge.

DESBOUTINS

265 — Le Jeune tambour et sa mère. Epreuve avant la lettre.

DESCOURTIS

266 — Les Espiègles, d'après Schall, en couleur. Très belle épreuve.

DESNOS (à Paris, chez)

267 — Plans de Paris du Traité de la police. Huit pièces avec bordures.

268 — Calendrier pour l'année 1788. En haut de chaque mois, des petites compositions d'après les artistes du dix-huitième siècle. Rare.

DESRAIS (d'après C.-L.)

269 Le Double engagement. Belle épreuve.

270 Allégorie relative au mariage de Louis XVI et de Marie-Antoinette, par J. Marchand, in-8. Très belle épreuve.

271 Coiffures. Sept pièces coloriées.

DETAILLE (E.)

272 Cuirassier à cheval. Belle épreuve.

DEVERIA

273 *Dumas*, (Alexandre), in-fol. Très belle épreuve, sur chine.

274 Alfred de *Vigny*. — Madame Eckerlin. — *Léon Noel*. Trois portraits in-fol. Belles épreuves.

DIVERS

275 Mademoiselle de *Blois*. — Duchesse de *Bourgogne*, etc. Treize pièces in-12 de la suite de portraits publiés par Blaise.

276 *Bossuet*. — *Louis XIV*. — *Lebrun*. — *Descartes*. — *Chénier*.—*Beckford*.—*Hédouin*.—*Molitor*,—*Lassale*, etc. Dix-sept portraits gravés à l'eau-forte par Damman, Rajon, de Bar, Jacquemart, etc.

277 *Chinard*.— *Lamartine*. — Madame *Dorval*.— *Steuben*. Madame *Albert*. — Ch. *Chaplin*. — P. de *Kock*. — E. de *Girardin*. — Mademoiselle *Déjazet*. — *Gévaudan*, etc. Vingt-six pièces.

278 Charlotte *Corday* et J. P. *Marat*. Portraits et sujets. Treize pièces.

279 *Destouches*. — *La Bruyère*. — Baronne de *Stael*. — *Montaigne*. — *Voltaire*. — *Balzac*. — *Marceau*. — *Chenavard*. — *Ingres*,—*Delacroix*, etc. Dix-huit portraits in-8 et in-4. Belles épreuves en partie avant la lettre.

DIVERS

280 — *Huc de Miromenil*. — *Raymond* (J. A.), architecte. — *Beaulieu*. — *Jourgniac-Saint-Meard*. — J. *Castéra*. — F. *Quesnay*. — Le duc de *Crillon*. — Cardinal de *Vintimille*. — J. N. *Regnault*. Dix portraits in-8 et in-4. Belles épreuves.

281 — L'impératrice *Joséphine*. — Madame Victor *Hugo*. — Jeanne *d'Arc*. — Madame *Audouard*. — Princesse de *Bade*. — Fanny *Beauharnais*, etc. Vingt-deux portraits in-8 et in-4. Belles épreuves.

282 — *Laneau* (Dom René). — *Lebrun* (Charles). — *Pelisson* (Paul). — *Marigny* (le marquis de). — *Fleury* (le cardinal). — *Foucquet de Belle-Isle*, etc. Sept portraits par Beaumont, Edelinck, Wille, Drevet, Moitte, etc.

283 — J. *Lebon*. — J. *Daniel*. — *Meyerbeer*, et portraits français et anglais divers. Vingt pièces.

284 — *Marie-Antoinette*. — La comtesse *Dubarry*. — *Demoustier*. — *Boudan* (Alexandre). Cinq portraits, dont deux avant la lettre.

285 — *Marie-Antoinette*, reine de France. Cinquante et une pièces, en partie ayant la lettre.

286 — *Marie-Antoinette*, reine de France. Dix portraits différents. Belles épreuves.

287 — Marie-Antoinette, Louis XVI, le Dauphin, représentés en buste dans un même médaillon. Cinq sujets différents. Belles épreuves.

288 — Urnes et saules pleureurs autour desquels sont représentés les portraits de Louis XVI, de Marie-Antoinette et leurs enfants. Six pièces.

289 — *Marie-Louise*. — Madame de *Maintenon*. — Marguerite *Lemon*. — Madame de *Lavallière*. — Madame de *Grignan*. — *Henriette* d'Angleterre. — G. *d'Estrées*. — Madame *du Barry*. — Ch. *Corday*. — Sainte *Chantal*, etc. Vingt-neuf portraits in-8 et in-4. Très belles épreuves.

DIVERS

290 Différentes compositions représentant la séparation de Louis XVI d'avec sa famille. Sept pièces.

291 Ch. *Schallhas*. — Jenny *Colon*. — Th. *Corneille*, — G. *Boichot*. — L. Racine. — Mademoiselle *Cheron*. — Louis XV, etc. Vingt-huit portraits in-8 et in-4. Belles épreuves.

292 Marie *Stuart*. — Madame *de la Fayette*. — *Marie-Thérèse*, dauphine de France. — Portraits des princes de la famille de Bourbon, etc. Vingt pièces, en partie avant la lettre.

293 *Wieland*. — Raphael *Morghen*. — Madame *Talma*. — *Denon*, etc. Six portraits in-8 et in-4. Belles épreuves.

294 Portraits par Montcornet, Daret, Desrochers, de Larmessin, Edelinck, van Lochon, etc. Soixante-dix-huit pièces.

295 Portraits, ornements, costumes et pièces historiques. Cinquante-six pièces.

296 Le Mesmérisme confondu. — Vues de Paris, par Callot. — La Jardinière, etc. Six pièces.

297 Programmes, ex-libris, invitations pour bals et soirées, couvertures de livres, etc., par des artistes contemporains. Cent vingt-cinq pièces.

298 Eaux-fortes par Hédouin, Chevalier, Hervier, Johannot, de Bar, Lhermitte, etc. Trente-trois pièces en partie avant la lettre.

299 Composition par Gavarni, Ferogio, Bellangé, Charlet, etc., en partie tirées du journal *l'Artiste*. Trente-huit pièces.

300 Histoire de M. Mayeux, vignettes et costumes divers. Quarante-huit pièces.

301 Costumes par Denon, d'après David, etc. Quatre pièces.

DIVERS

302 — Paysages et sujets divers, français et anglais, par des artistes contemporains. Vingt-sept pièces.

303 — Adam et Eve. — Saint Jerôme. Portraits et sujets historiques. Huit pièces.

304 — Vues de Paris et monuments divers. Vingt-sept pièces.

305 — Plans de Paris. Huit pièces.

306 — Vues d'Italie. Dix-huit pièces.

307 — Vues des principaux monuments d'Europe. Quatre-vingt-dix-sept pièces.

308 — Vues des principaux monuments d'Europe, par Rouargues frères et autres.

309 — Portraits, sujets religieux, paysages, etc. Vingt-sept pièces.

310 — Sujets religieux et autres d'après des peintres français et italiens. Vingt-sept pièces.

311 — Paysages et sujets religieux par et d'après Rembrandt, Callot, etc. Neuf pièces.

312 — Lithographies par Daumier, Gavarni, Lami, Deveria, Grevedon, etc. Quatre-vingt-deux pièces.

313 — Paysages par Saint Non, vignettes par Cochin, Marillier et compositions d'après Malet. Onze pièces.

314 — Vignettes et eaux-fortes par et d'après Fragonard, Lebarbier, Cochin, etc. Cinq pièces.

315 — Paysages et sujets divers gravés à l'eau-forte par Lepic, Guérard, Lechfield, Laurens, etc. Dix pièces.

316 — Portraits tirés de la galerie de Versailles et autres. Seize pièces.

317 — Portraits des femmes célèbres des dix-septième et dix-huitième siècles. Soixante-cinq pièces en partie avant la lettre.

318 — Costumes, portraits, etc. Six pièces.

DIVERS

319 — Portraits et sujets de l'École française du dix-huitième siècle. Dix pièces.

320 — Sous ce numéro, il sera vendu un portefeuille d'estampes et vignettes historiques relatives à Napoléon Ier ; lithographies par Charlet, Bellangé, Raffet, etc.

DREVET (P.)

321 — *Lambert* (Nicolas), d'après N. de Largillière. Très belle épreuve.

322 — *Le Couvreur* (Adrienne), d'après Ch. Coypel. Épreuve avant l'E. au mot Modèle.

323 — *Serre* (Marie), mère de H. Rigaud, in-fol. Très belle épreuve.

DREVET (P.-J.)

324 — *Orléans* (Louis d'), d'après A. Le Prieur. Deux portraits in-4. Belles épreuves.

DREVET (Cl.)

325 — *Besenval* (Jean Victor, baron de), d'après Meissonier, in-4. Belle épreuve, toute marge.

DUCHANGE et DUPUIS

326 — *Girardon* (François), d'après Rigaud. — *Coustou* (Nicolas), d'après Le Gros. Deux portraits in-fol. Bonnes épreuves.

DUGOURE (d'après J.-D.)

327 — Le Lever de la mariée, par Ph. Trière. Superbe épreuve toute marge.

328 — Le Lever de la mariée, par Ph. Trière. Très belle épreuve.

329 — Le Lever de la mariée, par Ph. Trière. Très belle épreuve.

DUHAMEL

330 *Provence* (le comte de), d'après Marillier, in-8. Belle épreuve, toute marge.

DUMENIL (d'après)

331 Le Déjeuner de l'enfant, par E. Claire Tournay. Belle épreuve.

DUPUIS

332 *Marie-Antoinette*, reine de France, d'après Vanloo, in-fol. Très belle épreuve, toute marge.

DUPLESSIS

333 La Révolution française, arrivée sous le règne de Louis XVI, le 14 juillet 1789 et 10 août 1792. Belle épreuve.

DUPLESSIS-BERTAUX

334 Costumes des Fonctionnaires et membres du Directoire. Quatorze pièces.

335 Les Métiers. Dix pièces imprimées sur deux feuilles.

DUPONT ET LUCAS

336 La Glaneuse, d'après J. Breton. — Portrait d'un peintre d'après Lopez. — Porte-drapeau, d'après Meissonier. Trois pièces. Épreuves avant la lettre.

DURAND (d'après P.-L.)

337 Triomphe de Rameau. — Mort de Pouple, chirurgien de M. de Voltaire. Deux pièces faisant pendants gravées par Fessard. Très belles épreuves.

DURER (A.)

338 Le Cheval de la mort (B. 98). Belle épreuve.

339 La Mélancolie. Copie par Wierix.

340 Le Ravissement d'une jeune femme (B. 72). Belle épreuve.

DURER (A.)

341 Les Armoiries à la tête de mort (B., 101). Très belle épreuve de la copie trompeuse.

342 Sujets de la Passion et de l'Apocalypse, gravés sur bois. Onze pièces.

343 Sujets de la Passion, de l'Apocalyse et de la vie de la Vierge. Six pièces.

DURER et L. de LEYDE

344 La Passion de Jésus-Christ. Douze pièces.

DU SART (C.)

345 La Fête de village. (B., 16). Très belle épreuve.

DUTAILLY (d'après)

346 On doit à sa Patrie le sacrifice de ses plus chères affections. Gravé en couleur par Coqueret. Très belle épreuve.

DUVIVIER, COURTRY et BOILVIN

347 Vaches à l'abreuvoir. — Vases antiques. — Guerriers combattant, d'après Delacroix. Quatre pièces. Épreuves avant la lettre.

DYCK (d'après Ant.)

348 Ferdinand d'Autriche, par J. Paine. Superbe épreuve avant toute lettre.

349 Mytens (Daniel). — Snellincx (Joannes). Deux portraits gravés par Pontius et P. de Iode. Belles épreuves.

EARLOM (R.)

350 Portrait de Rembrandt, d'après lui-même, in-fol. en manière noire. Superbe épreuve avant la lettre, marge.

ÉCOLE ANCIENNE

351 Estampes des Ecoles italienne et flamande, des seizième et dix-septième siècles. Quinze pièces.

ÉCOLE ANCIENNE

352 — Estampes diverses par Marc de Ravenne, le Maître au dé, etc. Huit pièces.

ÉCOLE FRANÇAISE XVIIIᵉ SIÈCLE

353 — Etiquettes de pharmacien. Douze compositions sur une même feuille. Très belle épreuve, marge.

354 — Compositions galantes pour dessus de tabatières, boëtes, etc. Deux cent soixante-quatre pièces. Très belles épreuves, en partie avec grandes marges.

355 — Sujets gracieux pour dessus de tabatières, en couleur. Huit pièces.

356 — Estampes d'après Lancret, Grimou, Borel, Pierre, Sylvestre, Le Nain, Coypel, Jeaurat, Vien, Boucher, etc. Quinze pièces.

357 — Portraits et sujets divers en couleur. Quatre pièces.

ÉCOLE MODERNE

358 — Portraits, paysages et sujets de genre. Douze pièces gravées par divers artistes. Très belles épreuves d'artiste.

359 — Paysages et sujets divers d'après Th. Rousseau, Delacroix, Corot, Maës et Roybet. Cinq pièces. Epreuves d'artiste.

360 — Hier et Aujourd'hui, 1872. Vingt-deux pièces gravées à l'eau-forte.

EDELINCK (G.)

361 — *Fontaine* (Louise-Eugénie de), religieuse de la Visitation, in-8. Belle épreuve. Rare.

362 — *Graef* (Regnier de), médecin, in-8. Très belle épreuve.

363 — *Silvestre* (Israël), d'après Ch. Le Brun (B. D., 319). Très belle épreuve.

EDWARDS

364 — Paysages des bords de la Tamise. Seize pièces. Très belles épreuves.

EISEN (Ch.)

365 — *Marie-Antoinette* entourée des Grâces, pour la bibliothèque de Madame la Dauphine, in-8. Superbe et très rare épreuve avant la lettre et avant les draperies, marge.

366 — La même, avec la lettre et les draperies et la copie en contre-partie. Deux pièces.

EISEN (d'après Ch.)

367 — Concert mécanique, par Delongueil. Très belle épreuve avec le lustre.

368 — La même estampe. Très belle épreuve avec le lustre effacé.

EISEN, DESRAIS, COCHIN, ETC.

369 — Vignettes, in-8, pour divers ouvrages du dix-huitième siècle. Trente-quatre pièces, dont quelques unes avant la lettre.

EISEN et MARILLIER (d'après)

370 — Vignettes, in-8, pour les œuvres de Baculard d'Arnaud. Vingt-sept pièces, dont plusieurs avant la lettre.

EVERDINGEN

371 — Le Gros Arbre (B., 26). Belle épreuve avec la bordure faible.

FICQUET (Et.)

372 — *Molière* (J.-B. Poquelin de), d'après Coypel, in-8. Très belle épreuve.

373 — *Voltaire*, d'après de la Tour, in-8. Très belle épreuve.

FLAMEN (Albert)

374 — Livre d'oiseaux (R. D., 402-413). Suite de douze pièces. Superbes épreuves du premier état.

FLAMENG (L.)

375 — Portraits d'après Velasquez, Latour, Reynolds et Lawrence. Quatre pièces. Très belles épreuves avant la lettre.

FLAMENG, MASSARD ET GIRARDET

376 — La Stratonice, d'après Ingres. — Jésus couronné d'épines, d'après Titien. — Le Christ descendu de la croix, d'après Ribera. Trois pièces. Epreuves avant la lettre, sur chine.

FORTUNY

377 — La Victoire. Belle épreuve.

378 — Cheval à la porte d'une habitation, étude. Belle épreuve.

FRAGONARD (d'après H.)

379 — La Bonne mère, par N. de Launay. Très belle épreuve

380 — S'il m'était aussi fidèle, par Dennel. Belle épreuve.

381 — Le Verrou. — Le Contrat. Deux pièces faisant pendants, gravées par Blot. Très belles épreuves.

FRAGONARD, AUBRY ET LEPRINCE

382 — Le Bonheur du ménage. — L'Abus de la crédulité. — L'Heureuse fécondité. Trois pièces gravées par de Launay.

FRANÇOIS ET LEROUX

383 — *Clarke* (Alphonse), comte de Feltre, d'après Paul Delaroche. — *Dumont*, d'après Ingres. Deux portraits in-fol. Belles épreuves.

FREUDEBERG (d'après S.)

384 — Le Boudoir, par P. Maleuvre. Très belle épreuve, grande marge.

385 — Les Confidences, par C. L. Lingée. Très belle épreuve, grande marge.

FREUDEBERG (d'après S.)

386 La Promenade du soir, par Ingouf. Bonne épreuve.

387 Le Petit jour, par N. de Launay. Très belle épreuve.

GANIÈRES (J.

388 Les Joueurs, d'après Valentin. Deux très belles épreuves. *O.-de-B.* *h.*

GAUCHER (Ch.-Et.)

389 *Briquet* (Fortunée B.) d'après de Noireterre, in-8. Très belle épreuve, marge.

390 *Carcado* (la comtesse de), in-8. Superbe épreuve du premier état, avant toute lettre. Très rare. *Chris*

391 *Chapelle*, d'après Lebrun, pour les Voyages en France, in-12 (39). Deux épreuves, dont une avant la lettre et avant les mots : Tome Ier, p. 1. Marge.

392 *Du Barry* (Madame la comtesse), d'après Drouais (50). Très belle épreuve, grande marge.

393 *Hœn* (Pieter), in-8 (79). Très belle épreuve du deuxième état, avant la lettre, marge. *Chris*

394 *Kotzebue* (Aug.), d'après Bolt (85). Deux épreuves, dont une du premier état, avant toute lettre, grande marge. *Chris*

395 *La Rochefoucauld*, d'après Petitot, in-12 (90). Rare épreuve avant la lettre, la tablette blanche, toute marge.

396 *Malesherbes* (Chrétien-Guill. de Lamoignon), d'après R., in-8 (107). Rare épreuve du premier état, avant toute lettre, la tablette blanche. *Chris*

397 *Marie Leczinska*. Belle épreuve imprimée sans l'entourage ornementé.

398 *Marie-Antoinette*, d'après J. M. Moreau, pour les Annales de Marie-Thérèse

GAUCHER (Ch.-Et.)

399 *Vergennes* (Charles-Xavier, comte de). Très belle
épreuve du premier état.

GAUCHEREL (L.)

400 Paysages, portraits, épée, marines, etc. Huit pièces.
Très belles épreuves avant la lettre.

GAUCHEREL et GREUX

401 Sainte-Chapelle, — Monument de Watteau. — La Fontaine de Colmar. — Paysages et sujets divers. Vingt et
une pièces, en partie avant la lettre.

GAUTHIER-DAGOTY

402 *Dufresny*, in-fol. en couleur, d'après Coypel.

GAVARNI

403 *Decamps*. — Le prince Napoléon. Deux portraits in-fol.
en pied. Belles épreuves.

404 Costumes et sujets divers tirés du Journal des gens du
monde. Vingt-deux pièces.

GAVARNI et GÉRICAULT

405 Portrait de Gavarni, études. — Le maréchal ferrant.
Quatre pièces.

GAVARNI ET AUTRES (d'après)

406 Lithographies et eaux-fortes diverses. Dix-neuf pièces.

GERY-RICHARD

407 Eaux-fortes pour illustrer les Contes de Voisenon. Suite
en double état, avant la lettre, imprimée en sanguine,
et avec la lettre. On y a ajouté une épreuve avant la
lettre du portrait de Voisenon, gravé par de Launay,
d'après Vigée.

GHEYN (J. DE)

408 Lion au repos. Très belle épreuve.

GOUDT (H.-G.)

409 — La grande fuite en Egypte, d'après Elzeimer. Très belle épreuve.

GOUDT, OSTADE ET POTTER

410 — Tobie et l'ange. — Cérès changeant Stellion en lézard. Le Vacher, etc. Quatre pièces.

GOYA (don F.)

411 — Le Garotté. — Le Joueur de Mandoline, etc. Quatre pièces gravées à l'eau-forte.

GRANGERET (d'après)

412 — La chute de Nanette, par Martin. Très belle épreuve, toute marge.

GRATELOUP (J.-B. DE)

413 — Bossuet (J. B.), en pied, d'après Rigaud. Superbe épreuve sur chine.

GRAVELOT (d'après H.)

414 — Buste de Louis XV, couronné par Apollon et une muse, in 8.

415 — Vignette in 8, gravée par Pasquier, pour Tom Jones. Rare épreuve à l'état d'eau-forte.

416 — Suite de douze vignetes in 8 par divers graveurs, pour Tom Jones.

417 — Dix vignettes in-8, pour les Contes moraux de Marmontel. Belles épreuves.

418 — Vignettes et figures allégoriques représentant les Arts libéraux. Treize pièces.

419 — Trente vignettes in-4 par divers graveurs, pour les Œuvres de Voltaire, 1768. Très belles épreuves.

GRAVELOT ET COCHIN

420 — Vignettes in-8 pour l'Iconologie. Vingt et une pièces dont plusieurs avant la lettre.

GRAVELOT ET LE PRINCE (d'après)

421 Suite de cinq gravures in-8, par divers graveurs, pour les Saisons de Saint-Lambert (1769). Superbes épreuves de premier tirage, plus trois doubles de deuxième tirage.

GREUZE (d'après J.-B.)

422 L'Aveugle trompé, par L. Cars. Très belle épreuve.

423 La Jeune nourrice. — Exemple d'humanité. — Le Divertissement gracieux d'une famille villageoise. Trois pièces.

424 La Malédiction paternelle. — Le Fils puni. Deux pièces gravées de format in-8. Belles épreuves, marges.

425 Le Paralytique servi par ses enfants, par Flipart. Très rare épreuve avant toute lettre, à l'état d'eau-forte.

426 La Poésie, par P. E. Moitte. Belle épreuve.

427 La Privation sensible, par J.-B. Simonet. Très belle épreuve, toute marge.

GREUZE ET DESPORTES (d'après)

428 L'Enfant gâté. — Le silence. — Chasse au renard. — Trois pièces gravées par Maleuvre, Cars et Joullain.

GREVEDON

429 Elssler (Mademoiselle Fanny). — Fay (Mademoiselle Léontine). Deux portraits in-fol. Belles épreuves sur chine.

430 Portraits d'actrices in-fol. Six pièces, dont cinq avant la lettre.

GUTTENBRUNN (L.)

431 Marie-Antoinette, reine de France, in-8 en bistre. Très belle épreuve, marge.

GUYOT (à Paris, chez)

432 La Fuite à dessein, ou le parjure Louis XVI. Pièce gravée à la manière du lavis. Très belle épreuve.

HADEN (Seymour)

433 — Vue prise d'une fenêtre de la maison de l'artiste, dans Sloane street. (17). Superbe épreuve. Rare.

434 — Fulham, sur la Tamise (18). Superbe épreuve. Rare.

435 — Le Hameau de Kidvelly (Pays de Galles) (22). Superbe épreuve. Rare.

436 — La Tamise à Battersea (45). Très belle épreuve. Rare.

437 — Maison de Whistler, au vieux Chelsea (47). Superbe épreuve. Rare.

438 — La Teivy à Newcastle in Emlyn (55). Superbe épreuve. Rare.

439 — La Maison du Charron (Newcastle Emlyn), (56) Superbe épreuve. Rare.

440 — L'Abreuvoir à Kenarth (57). Superbe épreuve. Rare.

441 — Le Lever de soleil à Cardigan (60). Superbe épreuve. Rare.

442 — Sheepperton, sur la Tamise (71). Superbe épreuve. Rare.

443 — Le Sove. Superbe épreuve. Rare.

444 — Amsterdam. — Bords de la Tamise. Deux pièces. Très belles épreuves.

HÉDOUIN (Ed.)

445 — Le Printemps. — L'Eté. — Sujets religieux, d'après Bida. Quatre pièces. Epreuves avant la lettre.

HENRIQUEL-DUPONT

446 — Normand, in 4. Deux épreuves avant la lettre.

447 — Pasta (Madame). — Brongniart (Alexandre). Deux portraits in-fol. Belles épreuves.

448 — Rattier (Joseph), d'après Paul Delaroche. Belle épreuve

HERSENT

449 — Choix de sujets tirés des Contes de Jean La Fontaine et exécutés en lithographie par Hersent. Six pièces dans la couverture de publication.

HIRSCH

450 — Religieuse assise, lisant. — Religieuse entrant au couvent. Deux pièces. Epreuves d'artiste.

HOGARTH (W.)

451 — Le Paysan et la Paysanne pervertis. Quatorze pièces en 1 vol. in-fol. obl. cart. Belles épreuves.

HOLLAR (W.)

452 — Publication de la paix, devant l'Hôtel de Ville d'Anvers, en 1648. Belle épreuve, toute marge.

453 — Vue de la Cathédrale d'Anvers. Très belle épreuve.

HOPFER

454 — Portrait, — ornement et fête villageoise. Trois pièces.

HUBERT

455 — Mac Auley (Madame), d'après Bonnieu, in-fol. Belle épreuve.

HUET (d'après J.-B.)

456 — L'Amant écouté, par Bonnet, en couleur. Très belle épreuve.

457 — L'Heureux accident, par Delacour, en couleur. Belle épreuve.

HUET ET Mme LE SUEUR (d'après)

458 — Joyeuse bacchante. — La Vénus bachique. Deux pièces gravées par Voysard et Guttenberg. Belles épreuves.

HURET (Gr.)

459 — Longueville (Anne-Geneviève de Bourbon-Condé, duchesse de), d'après Les Beaubruns, in-8. Superbe épreuve, avec marge. Très rare.

INCROYABLES

460 Chataignier (d'après). Ah ! quelle antiquité !!! Oh ! quelle folie que la nouveauté. Belle épreuve.

461 — Desrais (d'après). Les Héroïnes d'aujourd'hui, gravé par Blondeau, en couleur. Superbe épreuve. Rare.

462 — Départ des remplacés. — Arrivée des remplaçans, ou tableau de Paris et de la France, en floréal. Deux pièces faisant pendants. Très belles épreuves.

463 — La Folie du jour. — Point de Convention. — Faites la paix. — La Rencontre des Merveilleuses. — Les Merveilleuses. — Les Incroyables. Six pièces gravées par Tresca, Levilly et Darcis. Très belles épreuves.

464 — L'Oracle consulté, par Guyard. Très belle épreuve, marge.

465 — Pauvre rentier ruiné. — Merlan à frire, à frire, par J.-L. Julien. Très belle épreuve.

466 — La Rencontre des Incroyables, par Ruotte, d'après Bunbury. Très belle épreuve, marge.

467 — Le Retour incroyable et la Précaution merveilleuse. Très belle épreuve, marge.

468 — Le Riche du jour ou le prêteur sur gages. Très belle épreuve, marge.

469 — La Science du jour. Très belle épreuve, grande marge,

INGRES (d'après)

470 — *Leclerc* (A), par Girard, in-fol., sur chine.

JACQUE (Ch.)

471 — La Ferme. Epreuve du deuxième état.

472 — Paysages et animaux. Douze pièces.

473 — Paysages et animaux. Trois pièces.

474 — *Luquet* (Ch.), éditeur associé de Cadart. Belle épreuve avant la lettre.

JACQUEMART (J.)

475 — Les Amateurs d'estampes, d'après Meissonier. Très belle épreuve, imprimée sur vélin.

476 — Défilé des populations lorraines devant l'Impératrice à Nancy, d'après Meissonier. Belle épreuve.

477 — La même estampe. Très rare épreuve d'essai, à l'eau-forte pure.

JANET (à Paris, chez)

478 — Calendriers pour les années 1808, 1810, 1812, 1838 et 1842. Très belles épreuves. Rares.

JANINET (F.)

479 — Marie-Antoinette, de profil, dirigée à droite. — Jeune femme en chapeau. — L'Amour dormant. Trois médaillons en couleur sur une même feuille. A Paris, chez Esnauts et Rapilly. Superbe épreuve. Rare.

480 — Les Sentiments de la Nation. La reine Marie-Antoinette tenant dans ses bras le Dauphin, est assise en face du buste de Louis XVI. Pièce gravée d'après Huet, pour la naissance de Monseigneur le Dauphin. Très belle épreuve en couleur.

481 — La même composition, gravée en contre-partie. A Paris, chez Isabey. Très belle épreuve.

482 — Quatre sujets de forme ronde, imprimés sur une même feuille, représentant de charmants costumes et intérieurs de l'époque Louis XVI, attribués à Lavreince, en couleur. Superbe et très rare épreuve avant toute lettre.

483 — Les Trois Grâces, d'après Pellegrini, en couleur. Superbe épreuve avant la lettre, toute marge.

484 — Tarquin et Lucrèce, d'après Eisen, en couleur. Belle épreuve, toute marge.

485 — Le Berger couronné. — La Bergère couronnée. Deux pièces en couleur, d'après Carême.

JANINET (F.)

486 *Franklin* (Benjamin), in-fol. en couleur. Superbe
épreuve avant la lettre, marge.

JEAN ET BASSET (à Paris, chez)

487 Entrée dans la ville de Paris de Sa Majesté Louis XVIII,
roi de France et de Navarre, le 4 mai 1814. — Vue du
passage du cortège de Sa Majesté Louis XVIII devant la
statue de Henri IV, le jour de son arrivée à Paris. Deux
pièces.

JEGHER (Christophe)

488 Hercule exterminant la Fureur et la Discorde, d'après
Rubens. Très belle épreuve.

JOHANNOT

489 *La Sablière* (Madame de), d'après Colin, in-8. Deux
épreuves, dont une avant la lettre, toute marge.

490 Dix gravures, in-8, pour les Contes de Ch. Nodier.
Très belles épreuves avant la lettre, tirées de format in-
fol.

491 Vignettes pour les Œuvres de Walter Scott, Werther,
etc. Soixante-quinze pièces.

JULIEN (d'après S.)

492 La Rose enlevée, par L. Julien. Très belle épreuve
avant toute lettre.

493 La Rose défendue, par L. Julien. Très belle épreuve.

JUMEL (d'après)

494 *Marie-Antoinette*, par Beaublé, in-fol. Belle épreuve.

KLAUBER

495 *Allegrain* (Christian-Gabriel), d'après Duplessis. Deux
épreuves dont une avant l'inscription, donnant les quali-
tés du personnage. Marges.

KONING (C.)

496 *Costerus* (L.), in-fol. Superbe épreuve.

LAFITTE (d'après)

497 Suite complète de onze gravures, in-8, pour les Œuvres de Destouches. Très belles épreuves, grandes marges.

LAGRENÉE (d'après)

498 La Tourterelle. — Le Chant. Deux pièces faisant pendants, gravées par Fessard. Très belles épreuves, marges.

LALAUZE

498 bis Suite de neuf gravures, in-8, dont un portrait, pour les Œuvres de Lesage. Très rares épreuves à l'état d'eau-forte, plus sept pièces doubles terminées en épreuves d'artiste. En tout seize pièces.

LALAUZE et LE RAT

499 Portraits et sujets divers. Quatre pièces. Très belles épreuves avant la lettre.

LAMBERT et BLANCHET (d'après)

500 Histoire d'Estelle et Némorin, suite de quatre pièces en couleur, gravées par Legrand et Orio. Belles épreuves.

LAMI (Eugène)

501 Les Contretems, en caricatures, 1825. Vingt-quatre pièces et le titre.

LANÇON (A.)

502 Route de Mouzon, 31 août 1870. — Route d'Allemagne, janvier 1870. Trois pièces. Epreuves d'artiste.

LANCRET (d'après N.)

503 La Joye du théâtre. Belle épreuve, marge.

504 Le Matin. — Le Midi. — L'Après-Dînée. Trois pièces gravées par de Larmessin. Belles épreuves.

505 Le Printemps. — L'Esté. Deux pièces gravées par B. Audran et G. Scotin. Très belles épreuves, marges.

LANCRET (d'après N.)

506 Récréation champêtre. — La Vieillesse. — Le Jeu de pied-de-bœuf. — Le Feu. — Le Printemps. — Le Faucon, etc. Neuf pièces gravées par Joullain, de Larmessin, Audran, Silvestre, Cochin, etc.

507 Les Saisons, suite de quatre pièces, gravées par de Larmessin. Très belles épreuves.

LANCRET ET VLEUGHELS (d'après)

508 Les Troqueurs. — Les Remois. — Le Faucon. — Frère Luce. Quatre pièces pour les Contes de La Fontaine, gravées par de Larmessin. Belles épreuves avant l'adresse de Buldet.

LANG (d'après B.)

509 L'Amant dangereux. — La Bergère couronnée. — Le Repos agréable. — L'Heureux tête-à-tête. Suite de quatre pièces gravées par Demonchy. Très belles épreuves.

LARMESSIN (N. DE)

510 Louis Quinze, roi de France et de Navarre, in-fol. en pied, d'après Vanloo. Très belle épreuve.

LAVREINCE (d'après N.)

511 L'Assemblée au salon par F. Dequevauviller, 1783. Superbe épreuve.

512 Le Coucher des ouvrières en modes. — Le Lever des ouvrières en modes. Deux pièces faisant pendants, gravées par F. Dequevauviller. Très belles épreuves.

513 La Marchande à la toilette, par Vidal. Superbe épreuve, toute marge.

514 L'Attente. — La Conversation. Deux pièces en couleur, de forme ovale.

LAWRENCE (d'après sir TH.)

515 Grosvenor, (Elisabeth, comtesse), gravé par Cousin. Belle épreuve.

LAWRENCE (d'après sir Th.)

516 — Portraits de personnages anglais. Douze pièces. Très belles épreuves.

LE BARBIER (d'après)

517 — Départ du citoyen. — Retour du citoyen. Deux pièces faisant pendants, gravées par Cl. Duflos. Belles épreuves, la seconde est avant toute lettre.

LE BEAU

518 — La Partie d'œuf frais, pièce ovale coloriée. Belle épreuve.

519 — Entrée de S. M. Napoléon Ier, empereur des Français et roi d'Italie, dans Berlin, ville capitale de l'Electorat de Brandebourg, d'après Nodet. Belle épreuve.

520 — *Marie-Antoinette*, reine de France, in-8. Très belle épreuve, marge.

521 — *Pompadour* (la marquise de), d'après Queverdo, in-8. Très belle épreuve avant le numéro, marge.

LE BEAU ET DUPIN

522 — *Marie-Antoinette*, reine de France. Deux portraits différents, in-4. Belles épreuves.

LE BEAU ET HUBERT

523 — *Marie-Antoinette*, reine de France. Trois portraits différents, in-4. Très belles épreuves.

LE BOUTEUX (d'après)

524 — Deux vignettes, in-8, pour les Chansons de la Borde, dont une représente le portrait de Madame de la Borde sur un chevalet. Belles épreuves.

LE CLERC (S.)

525 — Tapisseries du roi, d'après Ch. Lebrun. Quatre pièces dont deux avant la lettre.

LEFEVRE (ACHILLE)

526 — *Perier* (Casimir), d'après Hersent, in-fol. Belle épreuve.

LEFORT (HENRI)

527 — *Washington* (le général), grand in-fol., en buste.
Epreuve d'artiste sur papier du Japon, portant la signa-
ture du graveur.

LEGOUX

528 — *Marie-Antoinette*, d'après la marquise de Lezay-
Marnesia, in-8. Très belle épreuve, marge.

LEGRAND

529 — *Mesmer* (A.), d'après Pujos, in-4. Belle épreuve,
marge.

LE MESLE (d'après F.)

530 — La Clochette, par fillœul. Belle épreuve.

LE MIRE (N.)

531 — Le Général Washington, d'après Le Paon, in-fol., en
pied. Très belle épreuve.

LEMPEREUR (L.)

532 — Le Triomphe de Silène. — Titon et l'Aurore. Deux
pièces faisant pendants, d'après C. Vanloo et J.-B. M.
Pierre. Très belles épreuves, marges.

LE PAON (d'après)

533 — Revue de la maison du roi, au Trou-d'Enfer, par Le
Bas. Belle épreuve.

LE PEINTRE (d'après)

534 — La Tricherie reconnue. — Le danger de la Bascule.
Deux pièces faisant pendants, gravées par de Monchy.
Très belles épreuves.

LÉPICIÉ

535 — *Desmares* (Charlotte), d'après Coypel, in-fol. Très
belle épreuve.

LEPRINCE (d'après)

536 Arrivée de J.-J. Rousseau chez Madame de Warens, en couleur. Très belle épreuve.

537 Les Bergers russes, par J.-B. Tilliard. Très belle épreuve, marge.

538 L'Enfant chéri. — Le Bonheur du ménage. Deux pièces faisant pendants gravées par N. de Launay. Très belles épreuves, grandes marges.

LESPINASSE (d'après le chevalier DE)

539 Vue du Palais-Royal, des galeries et du jardin, gravé par Varin frères. Très belle épreuve, grande marge.

LEVACHEZ

540 Marie-Antoinette, d'après Madame Le Brun, in-8, en couleur. Superbe épreuve, toute marge.

LEVESQUE

541 La Vrillière (le duc de), d'après Vanloo, in-4. Superbe épreuve avant la lettre.

LEYDE (LUCAS DE)

542 Un écusson rempli par un mascaron (B. 167). Belle épreuve.

543 Deux rinceaux d'ornement (B. 169). Belle épreuve.

LIGNON

544 Boileau, d'après Rigaud, in-8. Epreuve avant la lettre, sur chine.

LINGÉE

545 Van der Goes (Gertrude), marchande au Palais-Royal, médaillon rond. Rare épreuve avant toute lettre, imprimée en bistre.

LIÈVRE (EDOUARD)

546 Retour de Crimée. Suite de quinze pièces coloriées.

LOMBART (P.)

547 Quatre pièces de la suite des Comtesses, d'après Van-Dyck. Belles épreuves.

LONGHI (J.)

548 La Vision d'Ezéchiel, d'après Raphaël. Superbe épreuve avant la lettre, les noms d'artiste à la pointe.

LUCIEN (J.-B.)

549 Les Jeunes Italiennes. — Andromaque pleurant sur les cendres d'Hector. Deux pièces d'après Guerchin et Kauffman. Belles épreuves.

MALAPEAU

550 *Quinault*, musicien, en-tête de page. Rare épreuve à l'état d'eau-forte.

MALLET (d'après)

551 Par ici ! — Chit ! Chit ! Deux pièces faisant pendants, gravées par Copia. Superbes épreuves, grandes marges.

552 La Réussite. — La Somnambule. — Le Lendemain de noces. — La Toilette. — Le Bain. — Le Lever. — La Frileuse. — Le Jour de noces. — Le Coucher. — Les Cartes. Suite de dix pièces. Belles épreuves.

MARK

553 *Marie-Thérèse-Charlotte*, fille de Louis XVI, in-4. Très belle épreuve, marge.

MARILLIER (d'après)

554 Suite complète de vingt-six figures petit in-8, gravées par de Gendt, Dambrun, de Longueil, Halbou, Ingouf, de Launay, Macret, Ponce et Trière, pour les Œuvres choisies de J.-J. Rousseau de Genève, nouvelle édition. A Londres S. D. (vers 1783). Superbes et très rares épreuves avant la lettre. Deux pièces sont doubles, à l'état d'eau-forte. On a ajouté à cette suite le portrait de J.-J. Rousseau, gravé par Saint Aubin, en épreuve avec la tablette blanche.

MARILLIER (d'après)

555 Vignettes en-tête de pages pour les Fables de Dorat. Deux pièces. Très rares épreuves à l'état d'eau-forte, marges.

556 Nouveaux trophées ou cartouches représentant les arts et les sciences, composés avec les attributs qui les caractérisent, inventés et dédiés à M. Morlot, peintre, par son élève et son ami Marillier. Suite de treize pièces.

MARTIAL (P.)

557 Ancien Paris. Cent eaux-fortes en un vol. in-fol, cartonné.

558 Vues de Paris. Cent quatre-vingt-deux pièces gravées, à l'eau-forte. Très belles épreuves.

MARTINET

559 La Balançoire. — L'Equilibre perdu. Deux pièces faisant pendants. Belles épreuves.

560 Berceau de beaux-arts. Jolie pièce de format in-8. Superbe épreuve, toute marge.

MARTINET (d'après)

561 Vignettes in-8, pour opéras-comiques et comédies. Treize pièces. Belles épreuves.

MARTINET ET MONSIAU

562 Vignettes in-4, pour opéras-comiques et pour les Œuvres de Rousseau. Onze pièces.

MARTINET ET QUEVERDO (d'après)

563 Annette et Lubin, comédie de Favart. Suite de six pièces. Belles épreuves.

MASQUELIER (L.-J.)

564 Lulli et Piccini, en-tête de page. Rare épreuve à l'état d'eau-forte, marge.
565

MASQUELIER (L.-J.)

X 565 *Rameau*, musicien, en-tête de page. Rare épreuve à l'état d'eau-forte, marge.

566 Madame de La Borde, frontispice du tome II des Chansons, in-8. Très belle épreuve, marge.

567 Pythagore, en-tête de page. Trois épreuves d'états différents, eau-forte, avant la lettre et avec la lettre.

MASSARD (J.)

568 *Gravelot* (Hubert), d'après La Tour. Belle épreuve.

569 *Marie-Antoinette*, dauphine de France, in-8. Très belle épreuve du premier état, avec l'adresse de l'auteur.

570 Le même portrait. Très belle épreuve du deuxième état, avec l'adresse de Le Père et Vaulez.

MASSARD (D.)

571 *Gérard* (le baron), d'après Lawrence. Dessin au crayon noir et mine de plomb.

MÉDICIS (MARIE DE)

572 Portrait de la Reine, agée de neuf ans. (R. D. t. V, p. 66). Très belle épreuve.

MEISSONNIER (J.-A)

573 Épitaphe de marbre et bronze de M. le baron de Bezenval, exécutée à Saint-Sulpice de Paris.

MEISSONNIER (E.)

574 Le Rapport. Très belle épreuve.

575 Le Polichinelle. Deux épreuves.

MERCIER (G.)

576 Portrait de femme, d'après Prud'hon. — Les Baigneuses, d'après Gullin. — Les Ramaseuses de pommes de terre. Sept pièces dont plusieurs doubles. Épreuves d'artiste.

MERCURY (P.)

5 *Maintenon* (la marquise de), d'après Petitot. Très belle épreuve de la première planche, avant toute lettre. Deux épreuves.

MERYON (Ch.)

578 Le Pont au Change. Superbe épreuve avec C. Meryon, del., sculp.., MDCCCLIV. A droite, l'adresse de l'imprimeur; dans les nuages, un ballon portant le mot : *Speranza.*

579 id. Tourelle, rue de la Tixeranderie, démolie en 1851. Superbe épreuve avec les initiales C. M. dans le haut de la droite.

580 Vue de San Francisco. Très belle épreuve, encadrée.

MICHEL (J.-B.)

581 Bonneval (J.-J. Gimiat de), comédien ordinaire du roi, d'après Huquier, in-fol. Belle épreuve, marge.

MILLET

582 Le Bêcheur. Belle épreuve.

MOITTE (P.-E.)

583 Beringhen (H. C. marquis de), in-fol. Premier état, avant toute lettre.

MONGIN (d'après)

584 Finis, Pierrot! Si l'on nous voyait! par Beljambe. Très belle épreuve, toute marge.

MONGIN (A.)

585 Portraits d'après A. del Sarte et Moroni. — Animaux d'après Dujardin. Quatre pièces. Épreuves avant la lettre.

586 Suite de six eaux-fortes, pour les Contes de Boufflers, d'après A. Poirson. Quatre pièces sont doubles, en premier état.

MONNET (d'après C.)

587 Les Baigneuse surprises, par Vidal. Très belle épreuve avant toute lettre et avant les changements dans les cheveux, marge.

588 Le Roi d'Ethiopie, abusant de son pouvoir. — Jupiter et Anthiope. Deux pièces gravées par Vidal. Belles épreuves.

589 Serment de Louis XVI, gravé par Née et Masquelier, in-fol. Bonne épreuve.

MOREAU (J.-M.)

590 Ouverture des États généraux à Versailles, les 5 mai 1789. — Constitution de l'Assemblée nationale et serment des députés qui la composent à Versailles, le 17 juin 1789. Deux pièces faisant pendants. Superbes épreuves du premier état avec les noms des membres de ces deux assemblées.

591 Ouverture des États généraux à Versailles, le 5 mai 1789. Très belle épreuve avant l'inscription donnant les noms des membres de cette Assemblée.

MOREAU (d'après J.-M.)

592 Exemple d'humanité donné par Madame la Dauphine, gravé par Godefroy. Très rare épreuve avant toute lettre, à l'état d'eau-forte.

593 La même estampe. Très belle épreuve.

594 N'ayez pas peur, ma bonne amie, par Helman. Très belle épreuve.

595 La Petite Loge, par Patas. Très belle épreuve avec les lettres A. P. D. R.

596 La Partie de Wisch, par J. Dambrun. Très belle épreuve.

597 Les Précautions. — Les Petits Parrains. — Les Délices de la maternité. — L'Accord parfait. — Le Rendez-vous pour Marly. — Les Adieux. — La Rencontre au bois de Boulogne. — La Dame du palais de la Reine. — Huit pièces, réductions in-8. Superbes épreuves. Rares.

MOREAU (d'après J.-M.)

598 — Memnon ou l'écœuil du sage, par Vidal. Belle épreuve.

599 — Les dernières paroles de J.-J Rousseau, par H. Guttenberg. Belle épreuve.

600 — Les Grâces ornent de fleurs le buste de Marie-Antoinette. Frontispice pour Métastase, gravé par Le Veau,
in-8. Très belle épreuve, toute marge.

601 — Mariage de Louis XIV avec Madame de Maintenon, par
Simonet. Deux épreuves, dont une avant la lettre.

602 — Vignettes in-4 pour les Œuvres de Rousseau, la Hen-
riade, etc. Sept pièces. Belles épreuves.

603 — Sept gravures in-8 par divers graveurs, pour les Incas,
ou la Destruction de l'empire du Pérou, par M. Marmontel, 1777. Superbes épreuves avant la lettre.

604 — Vignettes in-8 pour les Chansons de Laborde. Sept
pièces.

605 — Cul-de-Lampe, tome II, page 311 des Chansons de
Laujon, gravé par de Launay. Belle épreuve tirée hors
texte.

MOREAU ET GRAVELOT (d'après)

606 — Vignettes in-4 pour les œuvres de Voltaire et de J.-J.
Rousseau. Six pièces.

MORIN (J.)

607 — *Anne d'Autriche*, reine régente de France, d'après
Champagne (R. D., 40). Superbe épreuve, grande marge.

608 — *Arnault d'Andilly* (Robert), d'après Champagne (R. D.,
42). Très belle épreuve.

609 — *Camus* (J. P.), évêque de Belley, d'après Champagne
(R. D., 49). Belle épreuve.

610 — *Chrystin* (N.), d'après Van Dyck (R. D., 51). Très belle
épreuve, marge.

MORIN (J.)

611 — *Chrystin* (N.), d'après A. Van Dyck (R. D., 51). Très belle épreuve.

612 — *Franck* (Jérôme), d'après lui-même (R. D., 52). Belle épreuve.

613 — *Potier* (Fr.), marquis de Gesvres (R. D., 53). Belle épreuve.

614 — *Louis XI*, roi de France (R. D., 63). Superbe épreuve, grande marge.

615 — *Talon* (Omer), avocat général au Parlement de Paris, d'après Champagne (R. D., 74). Très belle épreuve.

616 — *Thou* (Christophe |de) (R. D., 78). Très belle épreuve, marge.

617 — *Thou* (Christophe de) (R. D., 78). Très belle épreuve.

618 — *Tubœuf* (Jacques), d'après Ph. de Champagne (80). Très belle épreuve, marge.

MORLAND (d'après G.)

619 — *A visit to the Boarding-School*, par W. Ward. Très belle épreuve.

MORRET (J.-B.)

620 — *Pie VII*, souverain pontife, d'après Garneray, in-fol. en couleur. Très belle épreuve.

MORSE

621 — *Hoym* (Charles Henri, comte de), d'après Rigaud, in-8. Trois épreuves, dont une avant la lettre.

NANTEUIL (R.)

622 — *Bouthillier* (Marie de Bragelonne, Madame Le) (R. D., 57). Superbe épreuve.

623 — *Fouquet* (Nicolas), surintendant des finances (R. D. 98). Très belle épreuve.

NANTEUIL (R.)

624 — *Hesselin* (Louis), conseiller d'État (R. D. 110). Belle épreuve du premier état.

625 — *La Meilleraye* (Charles de la Porte, duc de), maréchal de France, d'après Juste (R. D. 118). Très belle épreuve, avec marge.

626 — *Ormesson* (André Le Fevre d'), conseiller d'État (R. D., 209). Très belle épreuve du premier état, marge.

627 — *Scudéri* (Georges de), membre de l'Académie française (R. D., 221). Très belle épreuve du premier état.

NANTEUIL ET EDELINCK

628 — Les Evangelistes. — Le Cardinal *Ximenes*. — Jean *Herauld*. Trois pièces in-8. Belles épreuves.

NATOIRE (d'après C.)

629 — Les Elements. Suite de quatre pièces gravées par de Lalive de July. Belles épreuves.

NAUDET

630 — Les Phisionomies du jour. Pièce curieuse pour les costumes, coloriée. Rare.

NEIDEL

631 — *Marie-Antoinette*, d'après Gratise, in-4. Deux épreuves, dont l'une du premier état, avant l'ombre à gauche, au bas de l'ovale.

NEVIANCE (Victoire)

632 — *Marie-Antoinette*, ovale dans un entourage in-12. Très belle épreuve. Rare.

NILSON (J.-E.)

633 — *Marie-Antoinette*, d'après Miltiz, in-4. Deux épreuves, l'une avec le titre de dauphine et l'autre avec celui de reine.

ORLÉANS (le prince F. d' et les princesses Marie et
Clémentine)

634 Croquis et sujets historiques, Paysages, etc. Trente
pièces. Très belles épreuves. Rares.

ORNEMENTS

635 *Boucher* (d'après F.). Nouveau livre de vases. Suite de
sept pièces.

636 *Lalonde*. Cahiers de bordures à l'usage de la sculpture, etc., avec leurs profils. Quatrième cahier de l'œuvre
complet.

637 *Perrier*. Arabesques, d'après Raphaël. Quinze pièces.
Très belles épreuves.

638 *Roch* (d'après). Compositions pour dessus de boëtes et
tabatières. Suite de huit pièces.

OUDRY (d'après J.-B.)

639 Livre d'animaux par Jean-Baptiste Oudry, peintre du
Roi. Suite de six pièces gravées par Huquier. Superbes
épreuves, grandes marges.

640 Nature morte. — La Curée faite. — Abois du cerf.
Trois pièces gravées par Oudry et Le Bas. Belles épreuves.

PARISET

641 A Book of compositions design'd by Pariset, London
Printed F. R. Brookshaw, 1771. Suite de six pièces. Très
belles épreuves, toutes marges.

PARVILLÉE (à Paris, chez)

642 Le Cabaret de Ramponaux; en bas, son portrait.

PASSE (Crispin de)

643 Métamorphoses d'Ovide. Dix-neuf pièces, dont un titre.
Très belles épreuves.

PATER (d'après)

644 Les Amants heureux. — Marche comique. — La Dance.
Trois pièces gravées par Fillœul et Ravenet.

PATER (d'après)

645 De Savetier. — La Courtisane amoureuse. Deux pièces gravées par Fillœul.

646 Suite de seize estampes, par divers graveurs, pour le Roman comique de Scarron. 1 vol. in-fol. obl. cart.

PERNEY (d'après)

647 Monuments et ruines. Deux pièces de forme ronde, gravées par Chapuy, en couleur. Belles épreuves.

PHELIPPEAUX

648 Le Jaloux en défaut. — L'Epouse infidèle. Deux pièces faisant pendant. Très belles épreuves, marges.

649 Marie-Antoinette, d'après Dabos, in-8, en couleur. Très belle épreuve. Rare.

650 Le même portrait, en noir. Trois épreuves d'états différents.

PHOTOGRAPHIES

651 Photographies d'après les grands maîtres italiens et français. Trente et une pièces.

PICART (B.)

652 Vignettes en-tête de pages pour un livre de sciences. Neuf pièces. Très belles épreuves, grandes marges.

PIERRE (d'après J.-B.)

653 Le Savoyard. — La Savoyarde. Deux pièces faisant pendants, gravées par de Larmessin. Très belles épreuves, marges.

PIERRE ET DUMONT (d'après)

654 Le Galant Jardnier. — Croisssé tendres enfans... Deux pièces gravées par de F... et Daullé. Belles épreuves marges.

PIQUET

655 Ordre et séance des Etats généraux tenus à Paris dans la salle de Bourbon, le 27 octobre 1614, d'après Ziarnko. Belle épreuve.

PIRANESI

656 Vues de Rome. Deux pièces.

PLATTE-MONTAGNE (Nicolas de)

657 O. *Moloy* (Roger). — *Barthélemy* (V). (R. D. 19 et 28.) Deux pièces. Belles épreuves.

POISSON

658 Cris de Paris, dessinés d'après nature, par M. Poisson, dédiés à M. Bignon. A Paris, chez l'auteur. Suite de trente-six pièces et un titre. Superbes épreuves avec grandes marges. Très rare.

POILLY (N.)

659 *Tubeuf* (J.), d'après Mignard, in fol.

POMPADOUR (la marquise de)

660 Suite d'estampes gravées pour Madame la marquise de Pompadour d'après les pierres gravées de Guay, graveur du Roy. Quarante-sept pièces.

POUGET

661 *Bury* (Milady, countess of) in 8. Belle épreuve.

POUSSIN (d'après N.)

662 La Passion de Notre-Seigneur Jésus-Christ. Treize pièces gravées par Claudia Stella.

PRADIER (C.-S.)

663 Jésus remettant les clefs du paradis à saint Pierre, d'après Ingres. Très belle épreuve avant la lettre, sur chine.

PREVOST (B.-L.)

664 *Marigny* (le marquis de), médaillon sur un monument funèbre. Très belle épreuve du premier état, avant la lettre, marge.

PRUD'HON (P.-P.)

665 Jeune garçon jouant avec un chien. Belle épreuve sur chine.

666 Innocence et amour, par Villerey. Très belle épreuve avant la lettre.

667 La Vengeance de Cérès, par Copia. Très belle épreuve avant la lettre, marge.

668 Marguerite. — La Volupté. — Vénus et Adonis. — Le Rêve. — Une pensée, etc. Six pièces par Aubry-le-Comte, Boilly et Le Roux.

669 Le Coup de patte du chat. — Portrait de Mademoiselle Mayer. — Vénus et les amours, etc. Six pièces.

670 *Meyer* (Mademoiselle), par Sirouy. Epreuve sur chine.

PRUD'HON ET FRAGONARD (d'après)

671 Une Famille malheureuse. — Andromaque. — L'Innocence préfère l'amour à la richesse. — Joséphine. — La Fuite à dessein. — Scène galante, etc. Onze pièces. Belles épreuves.

QUEVERDO d'après F.-M.)

672 Le Coucher de la mariée. — Le Lever de la mariée. Deux pièces faisant pendants, gravées par Dambrun et Patas. Très belles épreuves.

673 *Marie-Antoinette* répandant des richesses sur le peuple; elle regarde le portrait de Louis XVI, gravé par Hemery, in-8. Ra.e épreuve à l'eau-forte pure, marge, plus une épreuve terminée, avec la lettre. Deux pièces.

674 Le Sommeil interrompu. — Nouvelle du Bien-aimé. Deux pièces faisant pendants, gravées par Dambrun et Romanet. Très belles épreuves.

QUEVERDO (d'après F.-M.)

675 La Surprise amoureuse. — L'Heureux instant. Deux pièces faisant pendants. Superbes et rares épreuves avant toute lettre.

676 Vues du château de Ferney à M. de Voltaire, côté du nord et côté du couchant. Vue des Délices de M. de Voltaire, près Genève. Trois pièces d'après Siguy. Belles épreuves.

677 Vue du château de Ferney à M. de Voltaire, du côté du nord. Belle épreuve.

678 Vignettes in-12, avec explications gravées, pour un Almanach relatif au mariage de Marie-Antoinette. Quatre pièces sur une même feuille. Très belle épreuve, marge.

679 Corday (Charlotte). par Massol, in 8. Belle épreuve.

680 Provence (la comtesse de), par Duhamel, in-8. Belle épreuve, toute marge.

RAJON (P.)

681 Portrait d'homme d'après G. Dow. Têtes de jeunes filles gravées en imitation du crayon. Quatre pièces.

682 Portrait de jeune fille, vue à mi-corps, de face. Epreuve d'artiste.

RAOUX (d'après J.)

683 Angélique et Médor, par N. de Launay. Belle épreuve.

684 L'Enfance. — La Jeunesse. Deux pièces gravées par J. Moyreau. Très belles épreuves, grandes marges.

REMBRANDT (P. van Rhyn)

685 Portrait de Rembrandt, au bonnet orné d'une plume (B., 20). Bonne épreuve.

686 Tobie le père, aveugle (B., 42). Belle épreuve.

687 La Nativité (B. 45). — La Circoncision (B. 47). Deux pièces. Belles épreuves.

REMBRANDT (P. van Rhyn)

688 — Présentation au Temple (B., 51). — La Sainte Famille (B., 63). Deux pièces. Belles épreuves.

689 — Jésus-Christ prêchant, ou la Petite tombe (B. 67). Très belle épreuve.

690 — La Samaritaine (B. 71). Très belle épreuve.

691 — La Descente de croix. — La mort de la Vierge. Deux pièces.

692 — Le transport de Jésus-Christ au tombeau (B.. 84). Belle épreuve.

693 — Les disciples d'Emmaüs (B., 87). Bonne épreuve.

694 — Saint Jérôme (B. 102). — La Faiseuse de Kouk's (B. 124). Deux pièces. Bonnes épreuves.

695 — Le Vendeur de mort-aux-rats (B. 121). Bonne épreuve.

696 — Le Jeu du Kolf. (B. 125). — Vieillard vu par le dos (B. 143). Deux pièces.

697 — Le Cochon (B., 157). Bonne épreuve.

698 — Paysan déguenillé, les mains derrière le dos (B. 172). Très belle épreuve.

699 — Vénus au bain (B. 201). Très belle épreuve.

700 — Le Dessinateur d'après le modèle (B. 102). Bonne épreuve.

701 — L'Abreuvoir de la vache (B., 237). Bonne épreuve.

702 — Clément de Jonge (B., 272). Très belle épreuve.

703 — Vieillard à grande barbe (B., 290). Bonne épreuve.

704 — Vieille femme coiffée à l'orientale (B., 348). — Buste de la mère de Rembrandt (B., 349). Deux pièces.

705 — Tête de la mère de Rembrandt (B., 354). Bonne épreuve.

706 — Mauresse blanche (B., 357). Bonne épreuve.

REMBRANDT (P. van Rhyn)

707 — Griffonnements, où se voit la tête de Rembrandt (B., 363). Bonne épreuve.

708 — Trois têtes de femme, dont une qui dort (B., 368). Bonne épreuve.

RENOUARD (Paul)

709 — Les Danseuses de l'Opéra. Treize pièces gravées à l'eau-forte. Belles épreuves.

RENAUD (d'après J.-B.)

710 — Le Sommeil agréable, par Letellier. Belle épreuve, toute marge.

RÉVOLUTION (Pièces sur la)

711 — L'Egout royal, pièce in-4 en largeur, coloriée avec légende en bas. Superbe épreuve. Très rare.

712 — Les Animaux rares ou la translation de la ménagerie royale au Temple, le 20 aoust 1792. Pièce rare. Très belle épreuve.

713 — La Famille des cochons ramenée dans l'étable. Pièce coloriée. Rare.

714 — Les deux ne font qu'un. Les portraits de Louis XVI et de Marie-Antoinette sur les corps d'un bélier et d'une hyène accolés l'un à l'autre. Pièce coloriée. Rare.

715 — Portrait de Marie-Antoinette, sur le corps d'une panthère. Pièce ronde, in-8, avant toute lettre.

716 — Louis-Charles de France, dauphin, en pied avec cuirasse et tenant un bouclier sur lequel sont représentés Louis XVI, Marie-Antoinette et Madame, in-8 en bistre. Très belle épreuve.

RICHETON (L.)

717 — Portrait d'un jeune enfant, vu de face. Deux épreuves, dont une à l'eau-forte pure.

ROGER (B.)

748 — *Marie-Antoinette* de Lorraine-d'Autriche, reine de France, d'après Roslin le Suédois, in-fol., en pied et en grand costume de cour. Très belle épreuve sur chine, toute marge.

ROGMAN (Gertrude)

719 — Paysages. Suite de quatorze estampes numérotées. Superbes épreuves, marges.

ROLIN (d'après)

720 — La Flore de l'Opéra. In-fol. Belle épreuve, marge.

ROSALBA (d'après la)

721 — Les Saisons. Suite de quatre pièces gravées par de F... Très belles épreuves, grandes marges.

ROULLET (L.)

722 — *Touchelée* (Catherine), d'après Cotelle, in-fol. Superbe épreuve avant la lettre, marge.

ROWLANDSON (d'après T.)

723 — Vaux-Hall, par R. Pollard, en couleur. Très belle épreuve.

RUBENS et JORDÆNS (d'après)

724 — Martyre de saint André. — L'Enlèvement d'Hippodamie. — Le Concert. Quatre pièces.

RUOTTE

725 — *Marie-Antoinette*, reine de France, d'après Césarine F..., in-4. Très belle épreuve, marge.

SAINT-AUBIN (Aug. de)

726 — Dernière heure de la baronne de Rebecque, morte à trente-six ans. Très belle épreuve. Rare.

727 — C'est ici les différents jeux des petits polissons de Paris. Quatre pièces. Très belles et anciennes épreuves.

SAINT-AUBIN (AUG. DE)

728 *Abel* (c. f.), d'après Cochin (E. B., 1). Deux épreuves dont une à l'eau-forte pure, marges.

729 *Amyot.* Petit buste pour titre de livre. Epreuve sur chine. Tirage hors texte.

730 *Beckford* (Guill.).— Anglais, d'après Sauvage (15). Deux très belles épreuves, dont une avant la lettre, toute marge.

731 *Dumont* (Jacques, dit le Romain), d'après Cochin. Rare épreuve du premier état à l'eau-forte pure, plus une épreuve avec la lettre. Deux pièces.

732 *Falbaire de Quingey* (Fenouillat de), d'après Cochin (78). Très belle épreuve du deuxième état, avant les noms d'artiste, toute marge.

733 Le même portrait. Deux très belles épreuves, dont une du deuxième état, avant les noms d'artiste, marge.

734 Louis XVI.— Marie-Antoinette. Deux petits portraits en buste, en regard l'un de l'autre, sur une même feuille, (E. B., 146 et 169). Très belle épreuve. Rare.

735 Louis XVI, Marie-Antoinette et le dauphin, d'après Sauvage (E. B., 153). Superbe épreuve avant toute lettre.

736 *Voltaire*, à mi-corps, assis, d'après Denon (266). Rare épreuve à l'eau-forte et avant le petit triangle en haut de la planche.

737 Berton (Henri Montan), d'après Dumont (E. B., 356). Superbe épreuve de premier état, marge.

738 Médaille de représentant du peuple, d'après Laneuville (E. B., 1325). Très belle épreuve. Rare.

SAINT-AUBIN (d'après AUG. DE)

739 The first come best served (Le premier arrivé est le mieux servi). — The place to the first occupier (La place est au premier occupant). Deux pièces faisant pendants, gravées par Sergent. Superbes épreuves imprimées en bistre et avant toute lettre, marges.

SAINT-AUBIN (d'après Aug. de)

740 La Marchande de châtaignes, par le chevalier de P... Superbe épreuve, toute marge.

741 Validé ou sultane-mère, par Madame Lingée, in-4 en bistre. Superbe épreuve.

742 La Promenade des Remparts de Paris, copiée de même grandeur que l'estampe originale. Belle épreuve.

743 La Savonneuse, par Sergent et Morret, en couleur. Superbe épreuve avant toute lettre.

SANDRART (J.)

744 *Brandebourg* (le marquis de). — *Ferdinand* de Bavière, comte palatin. — J. G. II, duc de Saxe. Trois portraits in-fol. Belles épreuves.

SAVART (P.)

745 *La Fontaine* (Jean de), d'après Rigaud, in-8. Très belle épreuve.

746 *Louis XVI*, roi de France et de Navarre, gravé par Mademoiselle Savart, sous les yeux de son frère. — La même composition, le buste du Roi est changé, sans nom de graveur. Deux pièces. Très belles épreuves, toutes marges.

747 *Louis XVI*, roi de France et de Navarre, in-8, gravé par Mademoiselle Savart, sous les yeux de son frère. Très belle épreuve, toute marge.

748 *Marie-Antoinette*, très petit buste dans un médaillon entouré de fleurs. Superbe épreuve. Très rare.

SCHALL (d'après)

749 Le Bât, par Lindor de Toulouse. Superbe épreuve.

750 La Belle fileuse. — L'Ouvrière en dentelle. Deux pièces gravées par Gaillard. Belles épreuves.

SCHENAU (d'après)

755 — Les Jeunes époux. Très belle épreuve à l'eau-forte pure.

SCHMIDT (G.-F.)

752 — *Sylva* (J.-B.), médecin, d'après H. Rigaud, in-fol. Belle épreuve.

SCHULTZE (C.-G.)

753 — Vénus et l'Amour, d'après Jules Romain. Belle épreuve avant la dédicace.

SCHUPPEN (P. van)

754 — *La Reynie* (G.-N. de), d'après Mignard, in-fol. Belle épreuve.

755 — *La Reynie* (G.-N. de), d'après Mignard, in-fol. Très belle épreuve.

SCHUPPEN et PETIT

756 — Paul (saint Vincent de). Deux portraits différents, in-fol. Belles épreuves.

SERGENT (A.)

757 — Il est trop tard, en couleur. Très belle épreuve.

758 — The Day's folly (la folie du jour), en couleur. Superbe épreuve, avec marge.

759 — Vues de Paris, gravées en couleur par Guyot et Le Campion. Deux pièces.

760 — *Maurice*, comte de Saxe. — *Lowendal* (Woldemar de), — Bataille de Fontenoi. — Prise de Berg-op-Zoom. Quatre pièces en couleur. Belles épreuves.

761 — *Necker*, d'après Duplessis, in-4 en couleur. Belle épreuve, marge.

SILVESTRE (Israel)

762 — Les Carmes (85). — Fontaine des Innocents (96). — Palais d'Orléans (117, 1, 2, 3, 4, 5, 6, 7). — Maison de M. de Bretonvillier (119, 3). Dix pièces. Très belles épreuves.

SILVESTRE (Israël)

762 Le Pont-Neuf (130, 4, 5). Deux pièces. Très belles épreuves. Rares.

764 Veüe des Porcherons proche Paris (135). Très belle épreuve. Rare.

765 Saint-Victor (155). — La Sorbonne (157). Deux pièces.

766 Veue du Monastère Royal du Val de Grâce (162).

767 — Ancy-le-Franc (165, 2, 3, 5, 6), — Avron (168). — Chantilly (187, 1, 2), — Grande-Chartreuse (192, 1). — Chilly (194). — Clermont en Dauphiné (196). — Clairvaux (198). — Coffry (200, 1). Douze pièces.

768 — Dijon (209, 2). — Fontainebleau (216, 1, 3, 4, 5, 6, 7, 8, 9, 10, 12, 13, 14, 15, 16). Quinze pièces.

769 — Grenoble (222, 2). — Joigny (227). — Liencourt (230, 3 à 9, 11, 12, 13, 14, 15, 16, 17, 18, 19, 20, 23, 24, 27, 28, 29, 30, 31). Vingt-sept pièces.

770 — Vues de Lorraine (232, 2 à 13, 19). Treize pièces.

771 — Lusigny (233, 4). — Lyon (234, 10 à 17, 19, 27, 30, 35, 36, 37, 38, 39, 41, 42, 43). Vingt pièces.

772 — Mâcon (235). — Meulan (251). — Moné (255). — Moret (260). — Moulins (261). — Orléans (270, 1 bis). — Pacy (271). — Quincy en Champagne (278, 1, 2, 3). Dix pièces.

773 — Ruel (278, 2 à 13). Douze pièces.

774 — Saint-Cloud (289, 4, 6). — Saint-Germain-en-Laye (292, 8). — Tanlay (303, 2, 3, 4, 5, 6, 8, 9, 10, 11, 12, 13, 14 et 15). Seize pièces.

775 — Tonnerre (306, 2, 3). — Tournus (308). — Trévoux (309). — Vaux-le-Vicomte (311, 11, 14). — Verderone (313). — Le Verger en Anjou (315). — Versailles (317-1). — Villeroy (319-2). — Vincennes (320, 5). Onze pièces.

SILVESTRE (Israel)

776 Titres et vues diverses. Trois pièces.

777 Églises et stations de Rome et autres vues d'Italie.
Soixante et onze pièces en 1 vol. in-fol. obl. cart.

778 Vue de Rome. Belle épreuve.

779 Vues d'Italie. Dix-huit pièces.

780 Petites Vues d'Italie. Cent cinq pièces, en 1 vol. in-4
obl. cart.

781 Vues de France. — Églises et stations de Rome. —
Titres divers. Vingt-six pièces. Très belles épreuves,
toutes marges.

SMITH (J.-R.)

782 The Promenade at Carlisle House, 1781. Superbe
épreuve, grande marge.

783 Clermont (Mademoiselle), in-fol. en manière noire.
Très belle épreuve.

STELLA (J.)

784 Cérémonie de la présentation des tributs au grand-duc
de Toscane (R. D., 5). Très belle épreuve du premier
état.

SUDRE (P.)

785 Odalisque, d'après Ingres. Belle épreuve.

SURUGUE

786 Frémin (René), d'après de la Tour. Belle épreuve
avant la lettre.

SUYDERHŒF

787 Isabelle-Claire-Eugénie, gouvernante des Pays-Bas,
d'après Rubens. Belle épreuve.

SWEBACH DES FONTAINES (d'après)

788 Caffée des Patriotes, gravé en couleur par J.-B. Morret. Belle épreuve du premier état.

TAUNAY (d'après)

789 La Rixe, par Descourtis, en couleur. Superbe épreuve, avec marge.

TAVERNIER

790 Maintenon (Madame de). Trois épreuves dont deux à l'eau-forte et une terminée avant la lettre.

TENIERS (d'après)

791 Le Plaisir des fous. — Le Plaisir des dames. Deux pièces gravées par Basan. Belles épreuves.

TIEPOLO (G.-B.)

792 Les Caprices. Suite de dix pièces et un titre. Belles épreuves.

793 Sujets religieux et allégories diverses. Huit pièces.

794 Sujets religieux gravés à l'eau-forte. Seize pièces. Belles épreuves.

TOURCATY

795 Marie-Antoinette, ovale in-8 de profil à gauche. Belle épreuve, marge.

VANLOO (d'après C.)

796 Estampes d'après les tableaux de Vanloo, décorant la chapelle de Saint-Charles-Borromée, église des Invalides, gravées par Moles, Romanet, Miger, etc. Cinq pièces. Très belles épreuves avant la lettre.

VANGELISTI

797 Richelieu (le maréchal de), d'après Gault de Saint-Germain, in-fol. en pied. Belle épreuve.

VASSÉ (d'après)

798 Marie-Antoinette, Dauphine. Médaillon in-4, gravé en sanguine, par Demarteau. Superbe épreuve, marge.

VEHRLICH

799 — *Sontag* (Mademoiselle H.), cantatrice de la chapelle de S. M. le roi de Prusse, dans le rôle de la Dame du Lac. Lithographie coloriée. Épreuve sur chine.

VELDE (ADRIEN VAN DE)

800 — La Vache et les deux moutons au pied d'un arbre (B., 11). — Les Deux vaches au pied d'un arbre (B., 13). — La Brebis (B., 14). — Les Deux moutons (B., 15). Très belles et anciennes épreuves, quatre pièces.

VÉRITÉ

801 — *Marie-Antoinette,* d'après Mme Le Brun, in-8. Très belle épreuve.

VERNET (d'après C.)

802 — Les Ennuyés chez eux, Intérieur du café Procope. Belle épreuve avant la lettre, marge.

803 — Costumes français et anglais, par Levachez, en couleur.

VERNET ET CHARLET

804 — Sujets tirés d'Albums. Onze pièces.

VIDAL

805 — *Marie-Antoinette,* in-12. Belle épreuve.

VIGNETTES

806 — **Divers.** Vignettes, d'après Eisen, Queverdo, Marillier, Prud'hon, etc, pour livres du dix-huitième siècle.

807 — Gravures sur bois tirées hors texte, pour les Français peints par eux-mêmes. Quarante-deux pièces.

VILLENEUVE (A Paris, chez)

808 — La Panthère autrichienne, pièce satirique, où le portrait de la Reine est représenté dans un médaillon suspendu dans une lanterne. Superbe épreuve imprimée en bistre, marge.

VILLENEUVE (A Paris, chez)

809 — Le Démocrate : Ah! le bon décret !. — L'Aristocrate : maudite Révolution ! Deux pièces en couleur sur fond rouge. Superbes épreuves, avec marge.

VILLENEUVE ET COUTELIER

810 — Angélique. — *Bertinazzi* (Carlin). Deux pièces en couleur.

VORSTERMAN (L.)

811 — Isabelle d'*Este*, marquise de Mantoue, d'après Titien, in-fol. Superbe épreuve.

VOYEZ

812 — *Marie-Antoinette*, d'après Vanloo, in-8. Belle épreuve, toute marge.

WALTNER (Ch.)

813 — Portrait d'un ministre protestant d'après Gainsborough. — Chienne dans un intérieur. Deux pièces. Epreuves avant la lettre.

WARD (W.)

814 — Thoughts on Matrimony, d'après Smith. Superbe épreuve, toute marge.

815 — *Buckingham* (le marquis de), d'après Jackson, in-fol., en manière noire. Superbe épreuve avant la lettre, marge.

WARD (d'après W.)

816 — The Lovely Brunette, par E. Williams. Superbe épreuve, toute marge.

WATTEAU (d'après Ant.)

817 — Les Amusements de Cythère, par L. Surugue. Très belle épreuve, marge.

818 — Le Chat malade, par J.-E. Liotard. Très belle épreuve, grande marge.

WATTEAU (d'après ANT.)

819 L'Hiver. — L'Eté. Deux pièces gravées par Moireau et de Larmessin. Très belles épreuves.

820 Le Joueur de mandoline, par B. Audran. Belle épreuve.

821 *Qu'ay-je fait assassins maudits... — Voulez-vous triompher des belles.....* — La Surprise. Trois pièces gravées, par Caylus, Thomassin et B. Audran. Belles épreuves.

822 La Rêveuse. — L'Aventurière. — Défilé. — Vue de Vincennes. — La partie quarrée. — La Déesse Thvo-Chvu dans l'île d'Hainane. Neuf pièces.

823 La Sainte Famille, par Wurt. — Le Sommeil dangereux, par Liotard. Deux pièces. Très belles épreuves, avec grandes marges.

WATTIER (E.)

824 Scènes de mœurs. Suite de quinze pièces coloriées, plus deux doubles. Dix-sept pièces.

WHISTLER

825 Bords de la Tamise, 1859. Très belle épreuve.

WILLE (J.-G.)

826 Gazettière hollandaise. — La Cuisinière hollandaise. Deux pièces, d'après Metzu et Terburg. Très belles épreuves.

82 Petite écolière, d'après Schenau. Bonne épreuve.

827 bis *Marie-Thérèse* d'Espagne, Dauphine de France, d'après Klein. Belle épreuve.

WILLE (d'après P.-A.)

828 La Bonne mère sans souci, par Chevillet. Belle épreuve.

829 La Double récompense du mérite, par Avril. Belle épreuve.

WILLE (d'après P.-A.)

830 — La Mère contente. — La Mère mécontente. Deux
pièces gravées par P.-C. Ingouf. Très belles épreuves.

LIVRES

831 — **Album** de 131 sujets divers, dessinés par Deveria et
autres réunis en un album in-4 oblong, fil. tr. dor.

832 — **Armée autrichienne.** Costumes de l'armée autrichienne de 1630 à 1840, par F. L'Allemand. Vienne,
Bermann et Solm S. D., 40 pl. in-fol. color. cont.
240 types, un vol. in-fol. oblong, demi-veau. Ouvrage
très rare.

833 — **Armée suédoise.** Costumes de l'armée suédoise
de 1700 à 1850, par Schutzercrantz. Stockholm, 1853.
36 pl. in-folio oblong color. cont. plus de 120 types.
Un vol. in-fol., armes royales sur les plats. Edition
royale, exemplaire relié en drap d'uniforme de l'armée.

834 — **Baldus.** Œuvre de Jacques Androuet Du Cerceau.
Meubles in-fol. en portefeuille.

835 — Œuvre de Jacques Androuet Du Cerceau. Soixante-
deux petites arabesques, série complète, en portefeuille.

836 — **Bellori.** Admiranda Romanorum antiquitatum ac
veteris sculpture Vestigia Anaglyfico opere elaborata
ex marmoreis exemplaribus quæ Romæ adhuc extant
in Capitoli ædibus hortisque virorum Principum ad
antiquam elegantiam a Petro sancti Bartolo delineata
incisa. Un vol. in-fol. obl. contenant 82 planches numérotées.

837 **Blondel**. De la distribution des maisons de plaisance et de la décoration des édifices en général, par Jacques-François Blondel. Paris 1737-1738. Deux vol. in-4, veau, fig.

838 — Cours d'architecture enseigné dans l'Académie royale d'architecture, par M. François Blondel de l'Académie royale des sciences, etc. Paris, 1675. Un vol. in-fol., veau.

839 **Cadart.** L'eau-forte en 1881 (8ᵉ année). Trente eaux-fortes originales et inédites par trente des artistes les plus distingués, préface par Jules Claretie. Exemplaire d'artiste, en portefeuille.

840 — **Catalogue.** Illustrations du catalogue de la bibliothèque A. Firmin-Didot. Soixante-cinq pièces. A.D.

841 **Clerisseau.** Antiquités de la France, première partie. Monuments de Nismes. Paris, 1778. Un vol., in-fol. cart.

842 **Durer.** Oratio Dominica polyglotta singularum linguarum characteribus expressa et delineationibus Alberti Dureri. Un vol. in-4, cart.

843 — **Encyclopédie.** Eperonnier.—Fayancerie.—Fourbisseur. — Menuisier en voitures. — Menuisier en meubles. Ebenisterie. — Marqueterie. — Lutherie. — Paumier.— Potier d'étain. — Doreur. — Ciseleur et Damasquineur. Orfèvre - Bijoutier. — Orfèvre - Joaillier. — Orfèvre grossier. — Pâtissier. — Plumassier panachier. — Cartonnier et gaufreur en carton. — Perruquier, barbier. — Choregraphie ou l'art d'écrire la danse. — Boutonnier.— Dentelle et façon du point. — Brodeur, etc., etc.

844 — **Encyclopédie.** Architecture et parties qui en dépendent. Un vol. in-fol, cart.

845 **Hamilton.** Campi phlegrœi : Observations sur les volcans des Deux-Siciles, en français et en anglais. Naples 1776.—Supplément ou relation de la grande éruption du Vésuve, arrivée au mois d'août 1777. Naples, 1779. Trois parties en un vol. gr. in fol. maroq. rouge dent.

sur les pl., dos orné tr. d'or (reliure anglaise). Ouvrage rare et bien exécuté. Il contient 54 planches et une carte plus cinq pour le supplément, le tout gravé en couleur.

846 **La Fage**. Recueil des meilleurs desseins de Raimond La Fage, gravé par cinq des plus habiles graveurs, et mis en lumière par les soins de Van der Bruggen, 1689. Un vol. in-fol. cart., contenant cinquante-sept planches.

847 **La Fontaine**. Fables choisies mises en vers, par J. de Lafontaine. Paris, 1755-1759. Quatre tomes en deux vol. in-fol., figures par Oudry, demi-rel. bas.

848 **Lamesangére**. Meubles et objets de goût. Quatre-vingt-quatre pièces.

849 **Martinet**. Recueil de vues de Paris, gravées par Martinet, sous le règne de Louis XV. Un album de cent une pièces, relié parchemin.

850 **Menzel**. Illustrations des Œuvres de Frédéric le Grand, par Adolphe Menzel, préface et notice par Louis Gonse, texte explicatif, par L. Pietsch. Paris et Berlin, 1882. Deux vol. in-4, cart.

851 **Portraits**. Recueil de cent soixante-quatre portraits de personnages historiques, par P. Daret, Louis Boissevin, Flipart, etc., in-4, cart. Belles épreuves.

852 **Potain**. Traité des ordres d'architecture, première partie. De la proportion des cinq ordres. Paris 1767. 1 vol. in-4. veau.

853 **Raffet**. Souvenirs d'Italie, expédition de Rome. Paris, Gihaut, s. d. Très bel exemplaire sur chine, en feuilles.

854 **Schmidt**. Principales vues de Paris et de ses environs. Paris 1832. 1 vol. in-4, cart.

855 **Spécimens** d'ornements anglais dans le style du moyen âge. London, 1856. Cinq livraisons in-4.

856 **Thomas**. Un an à Rome et dans ses environs. Recueil de dessins, lithographies, représentant les costumes,

les usages et les cérémonies civiles et religieuses des
Etats romains.... Dessiné et publié par Thomas.
Paris 1822. 1 vol. in-fol., broché.

857 — **Topffer (R).** Les Amours de Monsieur Vieux-Bois,
chez Aubert, place de la Bourse. 1 vol. in-8, broché.

858 — Monsieur Vieux-Bois. Genève, 1846. 1 vol. in-4, obl.,
broché.

859 — Histoire de Monsieur Pencil. Paris, librairie de Garnier frères. 1 vol. in-4, obl., cart.

860 — Histoire d'Albert. — Monsieur Pencil. Genève,
1846. 2 vol. in-4, obl., broché.

861 — **Velly, Vilaret et Garnier.** Histoire de France,
depuis l'établissement de la monarchie jusqu'à Louis XV.
Paris, Nyon, 1770-1789. Vingt-quatre vol, in-4, veau,
dont huit vol. de portraits.

TABLEAUX ET DESSINS

CHARLET (N.-T.)

862 — Soldats de la garde impériale. Deux tableaux sur
toile.

DEVERIA (ACHILLE)

863 — Bossuet (J.-B). A la mine de plomb.

ÉCOLE ITALIENNE

864 — Le Jugément dernier, Académies d'hommes. Sept
dessins à la plume et lavis de sépia.

ÉCOLE FRANÇAISE XVIIIᵉ SIÈCLE

865 — Ils sont passés, ces jours de fête. Composition de forme
ronde, à la plume et lavis d'aquarelle.

JOHANNOT

866 — Scène tirée de Walter Scott, au lavis de sépia.

MIGNARD (d'après)

867 — La Forge de Vulcain et le dieu Pan accompagnez des Bacchantes et des Faunes. Grand dessin au lavis d'encre de Chine.

MINIATURES

868 — Portraits de jeunes femmes et d'enfants. Huit miniatures sur vélin et sur ivoire.

OUDART (F.)

869 — Titres de livres : Les Maîtresses de Louis XV. — Epoque Louis XV. — Portraits anecdotiques. Trois dessins à la plume.

870 — Sujets religieux avec bordures, tirés d'un manuscrit du seizième siècle. Quatre pièces.

871 — Dessins par David, Gravelot, etc. Quatre dessins.

872 — Sous ce numéro, il sera vendu un portefeuille de dessins anciens des écoles française, flamande et italienne.

873 — Sous ce numéro, il sera vendu environ douze mille estampes de toutes les écoles, portraits, ornements, etc.

Imp. D. Dumoulin et Cⁱᵉ, rue des Grands-Augustin, 5, à Paris

Marque

Tome IV

Van Dick, antoine, peintre
Poussin, Nicola peintre

Tome VII

Noël de Bueliau
Marc Meurton
Jean Baptiste Santeuil

Tome VIII

Sauveur jesuite
François le Caurayon
Théodore Tronchin
Belle, simon, peintre
Barbier graveur

7.50
6.
16
9
9.50
6.
7.
26.
9.
10
34
7
2
4.50
6.50
7.50
3.50
____
143"
58.80
____
84.20